管理制度设计

孙 娜 孙绍荣 著

东南大学出版社
·南京·

图书在版编目(CIP)数据

管理制度设计 / 孙娜,孙绍荣著. -- 南京：东南大学出版社，2024．8． -- ISBN 978-7-5766-1569-2

Ⅰ．F272.9

中国国家版本馆 CIP 数据核字第 2024JH4157 号

责任编辑：陈　淑　　责任校对：子雪莲　　封面设计：毕　真　　责任印制：周荣虎

管理制度设计
Guanli Zhidu Sheji

著　　者	孙　娜　孙绍荣
出版发行	东南大学出版社
出 版 人	白云飞
社　　址	南京市四牌楼 2 号
经　　销	全国各地新华书店
印　　刷	广东虎彩云印刷有限公司
开　　本	700 mm×1000 mm　1/16
印　　张	11
字　　数	164 千字
版　　次	2024 年 8 月第 1 版
印　　次	2024 年 8 月第 1 次印刷
书　　号	ISBN 978-7-5766-1569-2
定　　价	69.00 元

本社图书若有印装质量问题，请直接与营销部联系。电话(传真)：025-83791830

PREFACE 前言

行为管理是人类社会中基本的管理活动,而经常性的行为管理是通过管理制度来实现的。当前,我国的社会与经济都正处于快速发展时期,各行业中的管理制度创新与改进任务繁重。因此,研究管理制度设计的理论与方法,具有重要的意义。

实践中管理制度问题突出,因此引起了广大学者、干部,甚至群众的强烈关注,研究管理制度设计的论文激增,因而解决了许多管理实践中的问题。但如果从更高的要求来看,则可以发现,当前的一些制度研究中,还存在一些非常重要的问题:一是许多制度研究只对具体问题有效,形成不了具有推广意义的管理制度设计成果;二是许多研究带有经验化和思辨化的特点,即主要依赖个人经验和思考,对于同样的制度问题,人们提出的治理方案常常有所差异。这主要是因为一些建议常常来自个人经验,而不是通过对制度设计方案进行计算与科学分析而得出的。为此,本书试图通过管理制度的工程设计化,来提高其科学性和有效性。但总体来说,本书在这方面还只是一个初步的尝试,进一步的进展还有待于更多的学者来共同参与。

本书中的部分内容,曾经以论文形式在刊物上发表过,但由于论文的篇幅有限,许多详细的分析与论证过程都被删减,导致读者理解文章存在一定困难。作者常常收到一些读者来信,信中反映在阅读这些论文时因有关内容的跳跃现象导致理解困难。因此,本书则针对这些相关内容给出详细的分析过程,同时将其融入本书的完整体系之中,以求内容的完整化和体系化。

本书主要介绍作者多年来的研究成果——管理制度设计的理论与方法。全书的内容较为系统和全面,遵循从理论和方法到实际应用案例的方式展开,以便于读者理解和掌握。第一章为管理制度设计的概述,主要介绍了管理制度设计的类型。第二章介绍了管理制度强度设计的回报链法。第三章以食品安全监管制度设计为案例,重点分析了制度强度设计中的观测与抑制这两个重要问题。第四章以餐饮行业监管制度作为实例,介绍了制度强度设计中的结构参数分析方法。第五章介绍了管理制度的环境接口设计,包括其重要意义和主要方法。第六章给出一个环境接口设计的实际案例。第七章提出了制度强度、漏洞治理和环境接口的综合性设计问题,并以食品安全监管的社会共治制度作为综合设计的例子。第八章则根据金融科技企业风险方面的大量实际数据,通过实证展示了管理制度设计在管理实践中的重要作用和意义。

本书是在国家自然科学基金(71771151)和本书作者之一孙娜所在单位的科研启动基金项目(2024RCKY18)的资助下完成的。

目 录

第1章 管理制度设计概述 ·· 1
1.1 管理制度设计的重要性 ·· 3
1.2 有关制度设计方面的研究 ·· 4
1.3 要素视角下的管理制度设计的类型 ································ 5
1.4 管理制度的流程结构设计 ·· 6
1.5 环节与环节设计 ··· 9
1.6 通过流程分支分析与环节设计改善制度效果的实例 ·················· 10
1.7 通过制度的环节设计和流程设计改善制度效果的实例 ················ 12
1.8 制度流程的可扩展性 ··· 15
1.9 管理制度的观测力设计 ··· 17
1.10 管理制度的执行力设计 ·· 21
1.11 设计任务视角下的管理制度设计的基本类型 ······················ 24
1.12 管理制度强度设计 ·· 26
1.13 制度的漏洞治理设计 ·· 29
1.14 制度的接口设计 ··· 30

第2章 管理制度强度设计的回报链法 ······························· 33
2.1 管理制度强度的概念 ··· 35
2.2 管理制度强度设计的步骤 ······································· 36
2.3 构造"结"的技术问题 ··· 38
2.4 结的串联与并联 ··· 44

第3章 制度强度设计中的观测与抑制
——食品安全监管制度案例 ······ 47
3.1 问题的重要性 ······ 49
3.2 观测器失明问题 ······ 50
3.3 加强观测器建设的四个方面 ······ 51
3.4 抑制器失灵问题 ······ 53
3.5 分类惩罚制度及记录制度和惩罚执行保证制度 ······ 54
3.6 观测器与抑制器的意义 ······ 55

第4章 制度强度设计中的结构参数分析
——餐饮行业监管制度案例 ······ 57
4.1 制度结构参数分析概述及餐饮监管问题 ······ 59
4.2 食品安全监管制度结构图的要素 ······ 60
4.3 食品安全监管制度的结构图 ······ 61
4.4 建议和对策 ······ 68

第5章 管理制度的环境接口设计 ······ 71
5.1 管理制度环境接口的重要意义 ······ 73
5.2 管理制度环境接口设计需要解决的主要问题 ······ 74
5.3 管理制度接口设计的步骤 ······ 76
5.4 制度—制度接口设计的一个简化案例 ······ 80
5.5 主要结论及管理制度接口设计的趋势展望 ······ 86

第6章 环境接口设计的案例
——农村"两委"选举制度 ······ 89
6.1 农村"两委"选举制度 ······ 91
6.2 农村"两委"选举的制度接口问题 ······ 92
6.3 农村"两委"选举"制度—制度接口"分析 ······ 93
6.4 农村"两委"选举"制度—制度接口"的建设对策 ······ 95

6.5 农村"两委"选举"制度—文化接口"分析 …………………… 97
6.6 农村"两委"选举"制度—文化接口"的建设对策 …………… 98

第7章 制度强度、漏洞治理和环境接口的综合性设计
——食品安全社会共治制度 …………………………………… 99
7.1 制度综合性设计的意义和案例内容 ……………………… 101
7.2 中国的食品安全风险管理体制改革 ……………………… 102
7.3 食品安全的当前研究情况 ………………………………… 104
7.4 食品安全监管的社会共治制度设计过程 ………………… 107
7.5 食品安全风险监管制度设计的主要特点与要求 ………… 113

第8章 管理制度重要作为的实证
——金融科技企业风险影响因素实例 ………………………… 119
8.1 实证的内容与方法概述 …………………………………… 121
8.2 相关问题的当前研究 ……………………………………… 123
8.3 研究方法与数据情况 ……………………………………… 130
8.4 COX 模型回归结果 ………………………………………… 134
8.5 回归结果的分析与意义 …………………………………… 137
8.6 COX 回归模型的稳健性分析 ……………………………… 150
8.7 结论 ………………………………………………………… 154

参考文献 …………………………………………………………… 157

第 1 章

管理制度设计概述

1.1 管理制度设计的重要性

行为管理是人类社会中基本的管理活动,而经常性的行为管理是通过管理制度来实现的。比如薪酬制度可以使人们选择努力工作,法律制度可以使人们避开不良行为,等等。当前,我国的社会与经济都正处于快速发展时期,各行业中的管理制度创新与改进任务繁重。因此,研究管理制度设计的理论与方法,具有重要的意义。

在管理制度所涉及的领域方面,除了传统的行为管理制度研究领域如心理学、社会学、政治学、经济学等之外,本书提出以管理制度设计的工具化符号与结构图为特色的管理制度设计研究,这也是一个重要的研究领域。

实践中管理制度问题突出,因此引起了我国广大学者、干部,甚至群众的强烈关注,研究管理制度设计的论文激增,因而解决了许多管理实践中的问题。但如果从更高的要求来看,则可以发现,当前的一些制度研究中,还存在如下两个问题:

一是许多制度研究都是针对特定具体制度而就事论事,结果常常是在注意具体问题的同时,忽视了管理制度设计的一般的核心原理与方法,从而难以形成管理制度设计的一般核心理论与通用性工具,导致一些研究结果只对具体的问题有效,形成不了具有广泛推广意义的管理制度设计成果,而且有时即使治好了局部问题后但又引起了其他部分问题。这是因为对制度的系统而整体的分析常常是人们的直觉和经验所顾及不到的。

二是许多研究带有经验化和思辨化的特点,即主要依赖个人经验和思考,没有形成专门的符号化的制度研究工具来建立制度结构图,从而导致研究系统性较差,常常顾此失彼。对于同样的制度问题,人们提出的治理方案常常有所差异。这主要是因为一些建议常常来自个人经验而不是一种统一的核心的管理制度设计的科学工具,而个人经验常常是局部的、因人而异

管理制度设计

的。没有一个建立在简洁符号基础上的制度整体结构图,人们就不能完整地观察到影响制度效果的整体环境与多种影响因素;没有科学的统计与计算,人们就难以对各种制度结构的效果和成本进行准确比较和取舍。

因此,为了解决管理制度设计缺乏科学性和有效性的问题,必须开展管理制度设计的通用的基础理论与技术工具的研究,即开发基于符号和结构图及其计算的管理制度设计方法。

1.2 有关制度设计方面的研究

近年来由于社会改革与发展的加快,各种管理制度问题层出不穷,各级管理者急于找到有效的管理制度设计工具,因此引起了学术界的高度重视。

目前各界研究制度问题的热情很高,有关管理制度设计的文章数量相当多,涉及政治学、经济学、社会学、历史学等。此外,还出现了许多以数学模型为特色的制度研究,即管理科学与工程学科的制度研究。

目前,管理科学与工程领域的制度研究从研究内容来看主要分为两类:

第一类专门研究激励机制和报酬制度的设计问题,主要研究在信息不对称情况下的激励或者报酬制度设计问题,比如交易制度、各类型员工的激励制度、职业经理人的激励与约束制度、供应链管理制度、生产外包制度、代理人的激励机制,等等。

第二类偏重于对各种制度执行过程的分析与设计,分析一些制度中的博弈问题。

另外,有关具体行业的制度设计问题的研究相对较多,比如发电行业的竞价制度设计、排污权交易或水环境管理制度设计、电子商务中的拍卖制度设计、公共管理和负责人监督制度设计、电子政务的信息共享制度设计、股票市场的风险控制制度设计,等等。

与上述的国内外研究相比,本书所提出的基于符号和结构图及计算的行为管理制度设计方法与思路有较大不同,可以从如下三个方面来比较:

一是管理制度设计中的控制因素与国外理论不同。国外的管理制度设计主要通过改变报酬(或称为激励,即精神或物质的奖励与惩罚)来实现制度效果。而本书的管理制度设计中的控制因素共有三种,分别是控制项目、控制资源和控制报酬。

二是管理制度设计的工具的符号化和图形的结构化,可以使制度分析与设计过程更加简洁方便,便于掌握制度整体结构,也更加实用,更具可操作性。

三是具有广泛的适用性,而国外的理论偏重于解决信息不对称等问题。本书提出的管理制度设计理论与方法是建立在使管理对象的行为符合管理目标,而不仅仅解决信息不对称问题上,因此具有更加广泛的适用性,适用于各种制度问题的分析与设计。

1.3 要素视角下的管理制度设计的类型

如果从管理制度结构中所包含的要素视角来分类,则可以将管理制度设计分为管理制度的流程结构设计(简称流程设计)、管理制度的环节设计(简称环节设计)、管理制度的观测力设计(简称观测设计)、管理制度的执行力设计(简称执行设计)等。

其中,管理制度的流程设计,主要是对管理对象在制度中需要完成的各种行为或任务的先后顺序和关系结构进行设计。管理制度的环节设计主要是根据该环节的任务和内容,为相应的环节设计合理的行为规则,并为了实现这个规则,确定可用的资源,比如人员或岗位或机构、设备或资金等资源。管理制度的观测设计,主要是解决对管理对象的状态和行为的准确性和即时的观测问题,以便对管理制度的执行机制发出控制信号。管理制度的执行力决定了制度执行的效力,控制力度适当和控制方向准确以及启动控制及时是执行力设计的基本要求。

1.4 管理制度的流程结构设计

管理制度的流程,是由需要完成的或事实存在的各个"环节"之间的关系构成的网络。

制度流程的基本结构,分为串联结构、并联结构、分支结构、循环结构四种。

串联结构,指各环节之间在时间上具有线性的先后关系,各环节只能按规定的时间顺序执行,其结构图见图1-1。图1-1所示的是顾客在商场购物的管理制度中的三个环节的串联结构的例子。在串联结构中,各环节的顺序关系是需要考虑的关键。这种顺序如果不合理,就会影响制度的效果。

图1-1 串联的制度结构——顾客购物制度流程

并联结构,指各环节之间在时间上可以同时执行的结构,在图1-2中,从"高中毕业"的环节出发,同时有三个环节:参加高考、自学考试、直接参加工作,用管理制度设计的语言来描述,就是"参加高考、自学考试、就业这三个环节并联"。

分支结构,指某个环节之后,管理对象具有两个以上环节可以选择,从而在该环节上形成分支。比如,对于高中毕业生来说,当前可选择的机会至少有三个:参加高考、自学考试和就业。对于管理对象来说,如果他在某个环节上有分支结构,则他有多个机会可选择。机会,通常是环境提供的,这里的环境包括社会环境和自然环境。其中,社会环境中包括了"制度环境"和"文化环境"及"经济环境"等。比如,"参加高考"这个机会,就是由社会上存在的"高考制度"提供的,如果"高考制度"被废除,则高中毕业生就没有了"参加高考"这个机会。当然,"就业"这个机会也是社会环境提供的,如果社会经济不景气,各企业和工作单位不招聘员工,则"就业"这个机会也不存在了。

在分支结构中,有些流程走向符合管理目标要求的"正确方向",有的走向不符合管理目标要求的"不良方向"。而管理对象在分支结构中的实际发生的走向,一般是由环境(包括制度本身所构成的环境和客观的社会环境)和管理对象的动机倾向(即管理对象的自身需求)共同形成的。

在一些存在问题因而需要改进的制度的流程图中,一个常见的错误是把事实上的分支结构错当成一般的没有任何选择的简单的串联结构。这样,在管理制度的实际运行过程中,一旦管理对象在该分支上选择了不良方

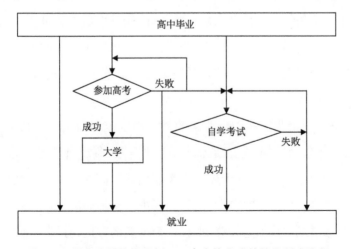

图1-2 制度流程结构之例——高中毕业生的就业制度流程

向时，制度中并没有设计相应的治理措施，从而造成管理对象的行为偏离了管理目标的要求。

因此，在管理制度设计中，为了不遗漏分支结构，需要对当前制度流程图中各环节进行"分支分析"，即结合管理对象的需求和社会环境及自然环境，来分析和归纳管理对象在当前串联环节上是否存在分支结构，以便及时发现可能存在的不良方向。如果存在不良方向，则需要结合管理制度的任务，设计对管理对象进行制约与引导的措施，使管理对象在分支结构中选择正确的走向。

在制度流程图的过程中，还存在一种"条件选择环节"，它是由管理对象或管理者根据某种条件进行走向选择的环节，条件选择环节用菱形的框来表示。这种走向的选择与一般的分支结构不同之处在于，如果符合某种条件，则选择某走向，否则选择其他走向。在制度流程图中，通常把选择条件写在表示该方向的线的边上。图1-3与图1-4中的"审查购房资格"环节，就是条件选择环节。通过审查的，可以实现购房，没有通过审查的，则无法实现购房。

在制度流程图中，条件选择环节有时会形成一个"环"，即如果不符合条件，则从不符合条件的出口进入某种操作，改变条件后重新进入该条件选择环节，如此往复，直到符合条件后从符合条件的出口走出。制度流程这种局部存在的"环"，就是"循环结构"。循环结构通常被用于提升制度的执行力，比如质量控制等。

图1-2是一个我国高中毕业生的就业制度流程的例子。其中，高中毕业生有三条并联的走向，分别是就业、参加高考、参加自学考试，而参加高考、进入大学学习、就业这三个环节为串联结构。图中，有两个"条件选择环节"，分别是"参加高考"和"自学考试"。其中，"参加高考"如果成功通过，则走向"大学"进行学习；如果失败，则有三个可能的方向，分别是继续"参加高考"、参考"自学考试"和直接"就业"。需要注意的是，图1-2中还有两个循环结构，一个是高考如果失败，可以再重新参加高考，这个过程可以多次重

复,形成循环结构;另一个循环结构是如果自学考试失败,可以重新参加自学考试,这个过程也可以多次重复,形成循环结构。

图1-2中,存在着三个分支结构,一个在高中毕业后,这个分支结构存在三个走向,分别是直接就业、参加高考、参加大学自学考试。另一个在高考失败后,也存在三个走向,分别是继续参加高考、参考自学考试和直接就业。最后一个分支结构在自学考试失败后,存在两个走向,一个是直接就业,另一个走向是再重新参加自学考试。

1.5 环节与环节设计

所谓的环节,就是管理对象在制度目标规定下需要完成的各种行为。各个环节之间的关系,就形成了制度流程的结构。

环节是一个具有丰富内涵的概念,它不仅仅表示在制度中管理者或管理对象要完成的一个行为(也称为一个操作),也包括该行为的内容与方法。其中,内容一般包括该行为的任务和规则;方法则包括完成该行为所需要的工具和手段。需要注意的是,这些工具和手段既包括该环节承担者完成该环节的方法,也包括在完成该环节过程中使用的技术设备等。比如,对于科研管理制度来说,"科研工作"是一个环节,这个环节包括研究内容与研究目标,也包括科研过程中需要的技术与设备等。

在实际的管理制度设计中,环节的内容通常用表格进行描述。例如表1-1是某高校对老师管理制度中科研任务的表格描述。表格中包括该环节的内容或任务,行为规则,完成该环节的人员、岗位或机构,方法与手段,采用的技术设备等。该表说明,某高校科研管理制度流程图共有三个环节。

环节是制度流程中的最基本要素,因此具有重要的地位。在管理制度设计的过程中,环节也是需要重点分析和研究的,这个过程被称为环节设计。环节设计主要是根据该环节的任务和内容,设计合理的行为规则,并为了实现这个规则,寻找和采用可用的资源,比如人员或岗位或机构、设备或资金等资源。环节设计是改善制度效果的一个重要方法。

表 1-1　某高校科研管理制度环节表

	内容或任务	承担者(人员、岗位、机构)	行为规则	方法与手段	采用的技术设备
1	落实承担人	评标专家组	择优中标	招投标及评标	招标系统软件与计算机
2	承担科研工作	科研团队	完成目标	理论研究与实验	高速计算机、模拟软件、数据库
3	验收	验收专家组	根据验收标准评估	验收评审会与现场观摩	会议室及会议设备

1.6　通过流程分支分析与环节设计改善制度效果的实例

为了说明制度流程分支分析与环节设计的重要性,现以某一线城市抑制房价上涨,实行购房资格的限制制度为例进行分析。

该限制制度流程中一个重要的环节是"审查购房资格",该环节的行为规则(即审查条件)是这样的:"无本地户口的家庭或个人,皆不能购买本地房产。凡具有本地户口的结婚家庭,最多可买两套住宅房产。具有本地户口的单身,可以购买一套房产。"这个购房资格限制制度的结构流程图如图1-3所示。为了清楚地区分管理者与管理对象的行为,图中双线的框表示管理机构的行为,单线的框表示购房者的行为。

这个限制制度出台后,一些本地家庭很快找到了"钻空子"的办法:夫妻先"假离婚",把当前的两套房产全部归一方所有,然后另一方以"单身并且无房"的身份再购买一套房产。这样,一对夫妻实际上可以拥有三套房产,使原本的"一对夫妻只能拥有两套房产"的限制制度失效。

第 1 章　管理制度设计概述

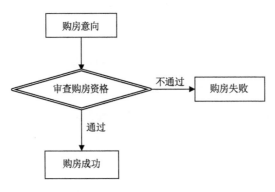

图 1-3　某地的购房限制制度流程结构

如果从制度设计的角度来分析，在该制度流程设计的过程中，"购房意向"这个环节上遗漏了一个分支，错把事实上的分支结构变成了简单的"串联结构"，才导致制度的失败。对图 1-3 补充上这个被遗漏的分支，图 1-3 就变成了图 1-4 所示的结构。

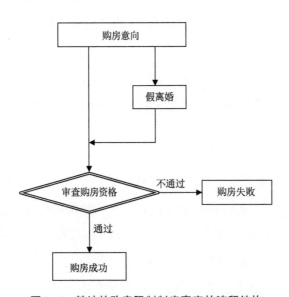

图 1-4　某地的购房限制制度真实的流程结构

通过制度流程结构的分支分析，发现问题以后，为了改善制度效果，该地政府对原来的"审查购房资格"环节进行重新设计，把该环节原来的行为规则(即审查条件),即"无本地户口的家庭或个人,皆不能购买本地房产。凡具有本地户口的结婚家庭,最多可买两套住宅房产。具有本地户口的单身,可以购买一套房产",修改成"无本地户口的家庭或个人,皆不能购买本地房产。凡具有本地户口的结婚家庭,最多可买两套住宅房产。具有本地户口的单身,可以购买一套房产,但对于离婚后的单身,必须离婚满五年后方可购买一套房产"。该环节实行了新的行为规则后,才真正彻底地堵住了原制度的漏洞。

1.7 通过制度的环节设计和流程设计改善制度效果的实例

本节通过对国家电网的电费收费制度的流程设计来治理用户拖欠电费的实际例子,简要说明一下制度流程设计的过程与作用。

我国电网公司长期采用的用电收费制度,是所谓的"后付费制度",即用户先用电,然后电网根据用户在一定周期中(通常为一个月)的用电量,向用户发出账单,再由用户缴费。该制度的流程图为图1-5。在该制度流程中,有两个行为主体,即用户与电网,其中,用户的行为用单实线的框来表示,而电网的行为则用双实线的框来表示。

在原来的收费制度下,电费拖欠曾经是一个非常严重的问题,每年会给国家造成很大的损失,同时也曾经是一个长期的治理难题。在这个后付费制度下,电网公司治理用户拖欠电费的手段,往往是停电或法律起诉等措施。但这些措施通常使用成本高或会对社会造成不良影响,比如停电措施,往往给用户造成连带损失,轻者如冰箱中的食物变质,重者对于需要在家庭中用电治疗的病人造成人身伤害等,从而带来许多法律纠纷。因此,停电和法律起诉等这类"硬性措施"的可操作性并不强,并且副作用较大。

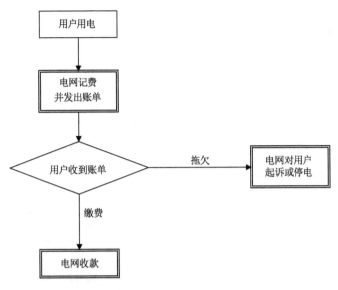

图 1-5　改进前的电网收费管理制度流程图——后付费制度

为此,一些地区的电网为了治理拖欠电费的问题,对电网收费管理制度进行了改进。从目前的情况来看,主要有两种改进方案。

改进方案之一为通过环节设计来改善制度效果,对于图 1-5 所示的原收费管理流程,把其中的"电网对用户起诉或停电"环节内容修改为"将拖欠电费行为输入到征信系统"。比如,一些地区规定,用户拖欠电费时间超过 6 个月后,相关部门就会把拖欠电费记录输入到"征信系统"中。这样,该用户在办理货款等需要打印"征信报告"的业务时,征信报告上就会出现不良信用记录。在当前的高度信息化的社会中,个人信用无疑是非常重要的,各种金融业务和求职等经济活动,都要求人们具有良好的征信记录。无疑,这一环节对于那些恶意拖欠电费的用户来说,是一个轻重适当的"惩罚",罚得有道理,无争议可言;同时该惩罚措施的操作成本很低,因此具有良好的可操作性。改进方案之一的制度流程为图 1-6。

改进方案之二是改进图 1-5 所示的原收费管理流程的结构,把原来的"用户用电"与"电网收款"的顺序倒置,即由原来的用户先用电后缴费,修改为电网先收费用户后用电,也就是由原来的"后付费制度"修改为所谓的"预付费制度"。改进方案之二的制度流程图为图1-7。

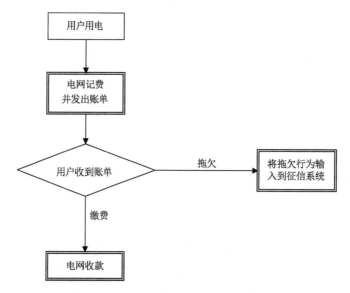

图1-6　改进方案之一的电网收费管理制度流程图——后付费制度

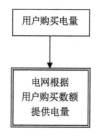

图1-7　改进方案之二的电网收费管理制度流程图——预付费制度

由图1-7可见,预付费制度的结构十分简单,但相当有效,可以说是从根本上消除了用户拖欠电费的可能性(用制度工程学的语言来描述,也就是消除了用户选择"拖欠电费"这个行为的"机会")。无疑,这是一种效果良好的制度,为电网省去了追讨、起诉和输入征信系统等方面的大量工作,又彻底解决了用户拖欠电费的问题。

然而，这种制度的出现，实际上并不是管理理论进步的结果，而是用于管理的科学技术设备——"预付费智能电表"的出现所带来的效益。

所谓的预付费智能电表，其基本功能是"先缴费后用电"。只有当用户先缴纳电费后，才会向用户供电。当供电的电量达到用户缴费的额度后，如果不继续补交电费，该电表就会自动断电。这样，既不需要抄表，也用不着催收电费。由此，不仅大大节约了电网企业的人力成本，还从根本上防止用户拖欠电费的可能。因此，这种电表的推广，无疑彻底解决了电费拖欠问题，从而为国家减少了大量的损失。

由此可见，用于管理的科学技术设备在管理制度设计中是十分重要的。在这方面，以往没有被给予应有的重视。实际上，管理学并不仅仅具有文科的性质，如果考虑到一些技术设备所带来的进步，则管理学有可能向工程技术领域发展。

1.8 制度流程的可扩展性

制度流程具有可扩展性，即制度流程具有宏观层次和微观层次之分。宏观层次的制度流程，只反映制度的宏观结构，该结构中的许多环节，都可以进一步详细展开形成微观的局部流程。在设计制度流程时，一般是先建立宏观层次的制度流程，然后再对其中具有问题、需要治理的环节进行展开，形成该环节的微观流程。

比如，图1-4的制度流程中的"审查购房资格"这个环节，可以进一步扩展形成一个微观的局部流程，如图1-8所示。

图1-8中，需要管理者完成的环节共有4个，分别是"本地身份验证""名下房产审查""审查单身是否离异过""离异是否满五年"。这些环节的各自行为规则分别由下面的表1-2给出。

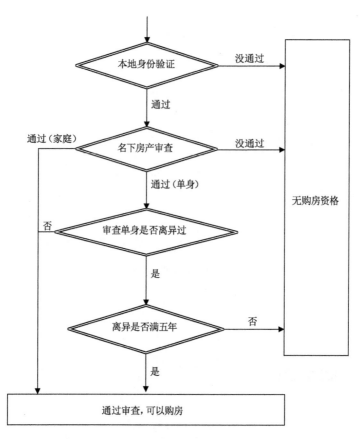

图 1-8 "审查购房资格"环节展开后的制度流程

表 1-2 图 1-8 中的管理者操作环节的环节表

	内容或任务	承担者	行为规则	方法与手段	采用的技术设备
1	本地身份验证	验证操作者	如果是本地人,则通过,进入环节2,如果不是,则不通过	查验身份证与户口本	户籍管理系统、计算机视觉设备
2	名下房产审查	审查操作者	对于家庭,如果小于 2 套,则通过,允许购房;如果已经拥有 2 套或 2 套以上,则不予通过。对于单身,如果无房产,进入环节 3;如有房产,则不通过	查验房产登记系统	房产管理信息系统

(续表)

	内容或任务	承担者	行为规则	方法与手段	采用的技术设备
3	审查单身人士是否离异过	审查操作者	如果为离异单身,进入环节 4;如果为非离异的单身,则允许购房	查验离异经历	民政信息管理系统
4	审查离异是否满五年	审查操作者	如果离异满五年,则通过,否则不通过	查验离异时间	民政信息管理系统

制度流程设计只有达到微观层次,尤其是对微观层次流程中的各环节给出明确的环节表,才是真正可以在实践中实现管理制度设计方案。

1.9 管理制度的观测力设计

管理制度的作用是对管理对象进行有效的控制,使其状态向着符合管理目标的方向变化。这些状态包括作为管理对象的人的行为选择,作为物的管理对象(比如设备或资金)的用途和保管,使用权或所有权变更等。对于管理制度的控制系统来说,了解管理对象的当前状态,是实现对其准确控制(比如当前的控制力度与控制管理对象的运动方向)的重要前提。因此,使管理制度具有良好的观测力(即实现准确和及时的观测),是管理制度的观测力设计的主要任务。

提高观测力,主要有两种方法。

(1) 在制度流程中增加具有观测功能的环节。这通常通过多个观测环节串联来实现。比如,企业为了提高产品质量,需要加强对"次品"的观测,可以把原来只有一道产品质量检验工序,增加成两道质量检验工序或三道质量检验工序。这样,即使在第一道检验中让次品"蒙混过关",也往往能够在后面的检验中发现次品,因此可以大大提高产品质量。

(2) 对原来具有观测功能的环节进行重新设计,比如改善该环节的观测

管理制度设计

方法,包括使用现代技术设备来提高观测效果等。

无论上述哪种方面,都需要解决两个问题:一是谁来观测,二是如何观测。前一个问题是观测职位和观测机构的问题,后一个问题是观测方法的问题。

对于管理制度的观测机构,通常是由各类涉及管理对象的信息部门承担的。比如,为了及时发现官员的腐败行为和了解群众的需求,"积极政府"会设立信访机构来接待和了解群众的呼声。为了了解当前社会上的状况,才有了各类新闻机构。为了对各类历史事件进行记录以供日后查阅,才有了各级档案机构等等。

至于观测职位,当前很普遍的各类信息员(比如社区的安全员、食品安全的监督员等)、侦探、记者等岗位,在实际上都是观测职位或岗位。

在观测力设计时,对于由谁来观测的问题,要注意尽可能避免利益相关现象。所谓的利益相关现象,指由被观测内容的利益相关方来担任观测者。比如,在经济管理制度中,为了方便,常常由各地方上报自己地区的 GDP 数据,由于该数据与其地方领导的业绩高度相关从而会影响到他们的升迁,因此各地方上报的数据往往相对实际数据偏大。反之,对于事故或环境污染等负面情况,各地上报的数据又往往小于实际情况。为此,如果由于各种情况无法避开这种情况,则就必须针对这种观测环节再设计出一个"观测该观测结果的真实性"的环节,以便及时发现问题和纠正问题,防止这些不实的观测结果影响管理制度的效果。

另外,观测方法也是观测力设计的重要内容,在这方面既有观测方法方面的设计问题,也有对科学技术的采用问题。比如,在中国古代,修筑长城曾是重要的防御工程。对于如此重要的工程,观测建造长城过程中是否存在导致"豆腐渣工程"的各类贪污腐败行为是一个十分重要的问题。在明朝,在建立长城的过程中,为了便于查清那些质量低劣的砖出自谁手,工程质量监督机构设计出了在砖上刻上制作者姓名的方法。这样,任何一块砖出现质量问题,监督机构都可以通过砖上记录的制作者姓名,找到制作人从而进行准确的惩罚(都教授,2018)。同样,从古代一直沿用至今的"奖励举报"的制度,实际上也是制度的观测力设计的重要体现。这种制度能够大大地提高人们举报各类问题的积极性,从而有效地提高了制度的观测力。

随着科学技术的飞速发展,制度的观测力设计也需要高度重视各类技术设备的应用。与传统的人力观测相比,这些设备可以极大地提高观测的准确性和及时性。在这方面,计算机视觉、管理信息系统、信息存储、物理探测和生物探测等技术发挥了重要作用。比如,在企业里,员工出勤情况是企业奖罚员工的重要依据,因此也是一个观测重点。企业对员工是否能够按时上下班的观测,最初是由人力的"记工员"担任的。这种人力"记工员"的设置不仅仅会增加不小的人力成本,还常常由于"误记""漏记"导致员工之间的矛盾。更有甚者,有的记工员出于个人喜好有意"帮助"那些迟到、早退的人,严重影响了那些坚持按点上下班的遵纪守法员工的积极性。如此,这种人工的"记工员"弊端很多。

后来,一些企业开始使用"纸卡考勤机",其原理是,每个员工都有一个记有员工识别码的纸卡,员工上班时将纸卡插入考勤机,机器会自动记录该员工的上班时间。这种考勤机相对于人工的记工员,无疑准确和公平了许多。但后来,有员工发现可以由朋友拿着自己的卡片代替自己插卡,从而形成了一种新的作弊方式。后来,随着技术的进步,出现了感应式 IC 卡考勤机,使用了射频和存贮技术,在员工上下班通过门禁时,可以自动记录员工的进入和离开企业的时间,并将这些数据传送到电脑中,生成员工出勤时间的月度报表。这种 IC 卡考勤机比纸卡考勤机更加方便统计,但仍然存在着请朋友"代刷卡"作弊的可能性。为了解决这个问题,"摄像考勤机"应运而生,"摄像考勤机"通过采用智能射频与摄像技术的结合,在员工刷卡时进行拍照存档,如此一来,有力地震慑了"代刷卡"作弊行为。但由于这种考勤机需要对大量的照片进行人工浏览,因此也增加了人力成本。

从普及情况来看,当前企业应用最多的是"指纹考勤机",其识别速度快、效率高,因此得到广泛的应用。在最初应用这种考勤机时,人们通常认

管理制度设计

为是无法"请人帮忙作弊"的。但后来,竟然出现制作"假指纹"的作弊方式,即在手指上涂上炭黑,把指纹印在胶带上,然后让朋友把这个印有自己指纹的胶带在考勤机的指纹识别探头上贴一下,这样也会记录下"上班时间"。为了解决这个问题,又出现了"指静脉识别考勤机",这个设备使用了"活体验证"技术,可以防止非活体的假手指的作弊。

近年来,许多企业开始使用"人脸识别考勤机"。这种设备在身份识别时采用计算机视觉技术来识别员工身份,识别速度和准确性远远超过人工视觉,因此效果很好。

此外,一些特殊的安全级别较高的企业,通常会采用"虹膜识别技术"门禁系统。虹膜是人的眼睛的黑色瞳孔和白色巩膜之间的圆环状部分,有许多细节特征,比如条纹和斑点。虹膜在胎儿时期形成,然后一生都是不变的,具有高度的唯一性。因此,"虹膜识别技术"对员工的识别更加严格和准确,生人基本没有混入企业的可能性。

在企业中,员工的工作行为符合质量和安全规章,是保证产品质量和安全生产的重要条件。一个重要问题是,如何能及时发现一些员工可能存在的不规范行为呢?大工业时代早期,这个工作一般是由"工头"或"监工"来担任的。这些所谓的"监工",有时会通过不公平地对待工人来捞取个人好处,对向自己"进贡"的工人"睁一只眼闭一只眼",而对于那些性格耿直、"不会来事"的工人,则处处刁难。因此,在新中国成立前,一些工人甚至恨透了"拿摩温"("拿摩温"是英文 number one 的谐音,也就是"老大",即"工头"的意思),工人与"工头"冲突不断。

计算机视觉技术的发展,使对员工的生产劳动行为是否规范的观测力有了巨大的提高。目前,各类专门用于员工生产劳动行为规范性观测的计算机视觉观测系统,能够自动地、不间断地进行大范围观测,如果发现员工的不规范行为,就会自动记录并报警,远比传统的"监工"公平公正且有效率。

防止和处理学生考试作弊行为,是教育管理中的重要内容,也是教育管理制度中观测力设计的重要内容。传统的观测方法,主要依靠监考老师人工观测。由于人工视觉的角度和范围有限,这种观测方式并不能完全准确和全面地发现作弊行为。而基于计算机视觉技术的考试作弊观测系统,即可以对考试现场进行实时观测,也可以对录像进行分析,对考场上的学生发生的旁窥抄袭、回头抄袭、传递可疑物品等行为进行精准识别,并自动报警,从而大大地提高了对考试作弊行为的观测力度(燧机(上海)科技有限公司,2023)。

在交通管理中对驾驶员违章行为的观测,其传统的监测方式是一项耗费巨大人力的工作,并且难以实现全路段观测。而基于计算机视觉的自动摄像系统,可以把超速、超慢、违停、闯红灯、压线行驶、逆行等违法行为进行自动识别与记录,大大地提高了观测效率,有力地维护了交通秩序。

在观测力设计方面,设备和人力都是可用的资源,其重要任务是在设备与人力方面搞好平衡和配合。其中,设备与人力的平衡问题,主要是资金在人力与设备之间的分配以求得总体最优观测效果的问题。而人力观测与技术设备的配合,在制度设计的术语中即所谓的"人机接口"问题,只有这种接口设计良好,人力和设备才能都发挥其最大的作用。

1.10 管理制度的执行力设计

管理制度的执行力设计,指针对根据观测结果所反映的管理对象当前的状态,按照管理目标要求,对管理对象进行准确和及时的控制。这种控制能力,就是执行力。在这种控制力下,管理对象的状态越是准确地向管理目标的要求接近,控制力就越强。

提高管理制度的执行力,从环节设计和流程设计的角度来看,有两种方法。

(1)在具有执行功能的环节上形成条件环节构成的环路,即采用条件环节来判断执行效果,凡是没有达到"走出环路"条件的,一律重新进入该执行环节重新执行,直到达到执行效果后才能走出该环路。比如,在环保制度下,对于一些重污染企业的整治,只要没有达到治理标准,没能通过治理效果的验收,就需要一直治理下去,直到达到标准为止。

(2)对具有执行功能的环节进行重新设计,比如转变该环节的执行者、改进该环节的任务和规则、改进其工具和手段,尤其是采用现代的科技设备来提高执行效果等。

在执行力设计方面,需要注意以下几种情况。

(1)要防止"不当利益共同体",即防止出现管理者与管理对象成为"一根绳上的蚂蚱"。所谓的"一根绳上的蚂蚱"现象,指的是如果管理对象因不良行为受到惩罚,则管理者也会受到牵连。在这种情况下,管理者会帮助管理对象掩盖错误,导致制度的执行力受损。比如,一些地方在进行食品安全检查时,如果被发现的食品质量问题较多,则往往认为食品监管部门的工作效果不佳。在这样的情况下,每当食品监管部门到市场进行食品安全检查前,其内部人员会提前向不法商贩"通风报信",导致食品质量检查合格率虚假偏高,造成食品安全监管制度失效。

从环节设计的角度来看,为了防止在某环节上形成"不当利益共同体",影响该环节的执行力,首先要为该环节选择适当的执行者。当然,在某些情况下,环节的执行者无法避免"不当利益共同体"现象,这时就得对该环节的执行情况设计观测环节,以便在制度运行时及时发现该环节执行力不足的问题,从而采取有效的惩治措施。

(2)要防止腐败现象削弱管理制度的执行力。腐败现象对执行力的削弱有一个特点,即"猫鼠一窝","鼠"向"猫"进贡,"猫"纵容"鼠"偷吃。在这种情况下,就会形成阻碍执行力的顽疾。比如,一些地方的非法经营屡禁不止,表面上看是"难管理",其实这种现象的背后是非法经营者向某些执法者"进贡",执法者因为私下有"进账"而"睁一只眼闭一只眼"。如此,其执行力可想而知。因此,在制度的执行力设计中,要根据制度流程的结构,对其中可能发生腐败的环节,对其增加观测环节和惩治环节,避免让腐败锈蚀了制度的执行力。

(3) 对于管理制度需要抑制的不良行为,惩罚力度要适当。制定合理的惩罚力度需要广泛的调研。如果惩罚力度太小,就会出现不良行为者"挣一个亿只被罚两万"的荒唐现象,导致不良行为人人仿效,管理制度彻底失效。当然,如果惩罚力度过大,也会引起人们的强烈不满,同时也让管理者"难以下决心"执行。这样一来,反而会影响执行力。因此,惩罚力度也并不是越大越好。为了解决这方面的问题,需要对这种惩罚环节的惩罚规则进行合理的设计。

(4) 要努力提高惩罚概率。所谓的惩罚概率,是实际受到惩罚的人在全部应当受到惩罚的人之中所占的比例。显然,惩罚概率越高,人们对管理制度越敬畏,管理制度的效果越好。如果惩罚概率太低,多数坏人坏事都没有受到惩罚,就会造成"撑死胆大的,饿死胆小的"的怪现象,形成了"老实人吃亏"的不良示范效应。如果出现这种情况,久而久之,不服从制度管理的人就会越来越多,制度的效果就会被彻底破坏。在提高惩罚概率方面,既需要观测环节的设计,也需要执行环节的设计。

(5) 要防止"执行者负回报"对执行力的干扰,形成所谓的"虚假报表问题"。一般来说,管理者在实现其执行力时是有成本的。这种成本在实际上构成了对管理者认真执行制度的规定形成了一定的"负回报",即管理者越是认真管理,则他付出的成本越高。反之亦然,比如上级要求基层干部对于百姓住房的安全隐患进行排查,而一些地方的基层干部,竟然由于不想辛苦地下去检查(这里付出"辛苦"就是一种负回报),只是在上报给上级的报表上随意填写,实际上一所民房也没有真正检查过,上报给上级的排查数量都是"瞎编的"。因此,在执行力设计过程中,如果发现存在"执行者负回报"问题,也要对该环节设计观测环节,以便及时发现执行力不足的问题,从而采取有效的治理措施。

需要强调的是,在执行力设计过程中,适当地运用科技设备,往往能够大幅度地提升执行力。比如,当前我国在交通管理方面,智能交通管理系统在提高交管执行力上发挥了重要的作用,该系统通过车载电脑、控制中心的计算机以及卫星联网,对交通进行有效的实时指挥,可以同时管理几万辆在公路上行驶的汽车,极大地提高了交通管理的执行力。

1.11 设计任务视角下的管理制度设计的基本类型

管理制度设计,从制度设计的任务角度来分类,主要有三种类型:一是制度的强度设计,二是制度的漏洞治理设计,三是制度的环境接口设计。

(1) 管理制度的强度设计,主要是通过控制回报(包括奖励与惩罚)来规范被管理者的行为,以强化管理制度对管理对象的行为进行驱动(对于符合管理目标的行为)和制约(对于不符合管理目标的行为),使管理对象的行为符合管理目标的要求。

管理制度的强度设计相对简单易行,具有广泛的应用,但也有较大的局限性:虽然制度的强度设计,即用回报提高制度效果的方法简单易行,但受文化伦理与条件的限制,不能任意采用。比如死刑一类的重罚,因受现代社会文化伦理的限制不能随意采用;再比如动辄奖励 100 万元,也大多受管理资源条件的限制无法采用。实际上,绝大多数制度都是对人们工作学习等日常行为的管理,涉及的都是小错小功,根本无法采用加大奖罚力度的手段来提高制度强度。

(2) 在这种情况下,制度的漏洞治理设计就显示出其重要的意义。因为这种设计不依靠提高奖罚力度,而是通过优化措施来减少制度的漏洞,即减少不良行为成功的机会。

比如,我国在改革开放之初,由于商品货源紧缺,为了保障群众的基本需求,曾经实行过"价格双轨制",一些大件商品(比如彩色电视机)在市场上存在两种价格,其中由上级审批计划内的商品,价格较低,即按所谓的"计划价格"出售,但购买的人必须手持指标凭证,即所谓的"票",才能购买。而一些非审批计划的同类商品,则价格较高,即所谓的"市场价格",需要的人可以随便购买,但要支付更高的价格。如此一来,一些人就找到了"钻制度漏洞"的机会,通过关系搞到大量的"审批指标",转手倒卖,以此牟利,国家大力打击却屡禁不止。后来由于商品供给渐渐丰富,"价格双轨制"被取消,所有的商品价格完全并轨,这种腐败行为也随之消失。再比如,当前我国一些地区拐卖儿童现象严重,我国对此有着严厉的刑罚,并且不时搞"专项打击",但这种犯罪行为仍然难以根除。这时,如果制度设计者把眼光从提高制度强度转变到制度的漏洞治理设计上,实行严格的出生证全国联网和严格的新生儿登记制度,任何被领养的儿童都必须是国家数据库中登记的儿童且号码唯一,就会使拐卖儿童失去市场,拐卖儿童现象必定会大为减少。

(3)管理制度的环境接口设计,则主要关注管理制度与环境的协调与配合,提高管理制度对环境的适应性,以此来提高管理的效果。管理制度的环境接口设计,主要是针对管理制度外部结构设计而言的,而前面提到的管理制度强度设计和管理制度漏洞治理设计,都属于管理制度的内部结构设计。

从当前的情况来看,对管理制度的研究,主要还是集中在制度的内部结构上,对制度与环境(尤其是政策环境与文化环境)的接口的设计则相对较少。在许多行业,许多内部结构设计得非常好的制度,在现实中却常常出现"水土不服"现象,很难发挥作用,这其实就是由其"环境接口"不良所导致的。比如,一些地区在引进干部选举制度时,有时会发生"拉票贿选"问题,这就是由于在设计选举制度时只关注"选举制度的内部结构"而缺少针对当地的不良的社会风气这个环境接口设计的结果。实际上,在这种环境下,全面的干部选举制度设计应当包括"选举制度的内部结构设计"和"防止贿选的制度设计(即选举制度的环境接口设计)"两部分,这样才能使干部选举制度真正有效。

由此看来,管理制度设计主要有两方面的任务:一是制度的内部结构设计,二是制度与外部环境(尤其是政策环境与文化环境)的接口设计。在真实的制度设计任务中,只有这两方面同时完成,才能使所设计的制度是可行的。不然,国家的各类政策在落实和执行方面就会出现"不力""不准"的问题。一些学者指出,管理制度设计不完善既可能导致政策的"象征性执行"现象,即一些执行部门相关项政策采取做表面文章、走过场、制作虚假文本材料等仪式化的策略(田先红 等,2016),也可能导致政策执行中发生偏离(刘圣中 等,2016)。

1.12 管理制度强度设计

管理制度强度设计,主要目的是加强制度对管理对象的驱动力和制约力,使其行为符合管理目标的要求。具体地说,主要是使用制度工程学所建立的制度设计的符号系统与方法,针对各种具体的管理制度进行分析研究,科学地分析诊断存在的问题及原因,设计改进管理制度对管理对象的驱动力和制约力。通过这种制度设计和改进,使作为群体的被管理者的有关行为更高概率地向管理目标接近。比如,企业针对员工的工作管理制度主要是通过"奖勤罚懒"的措施来促使员工努力工作,这种制度设计就是制度的强度设计。

具体的设计任务包括如下步骤:

(1) 对所设计的具体管理制度的现状与问题及原因进行充分的调研。调研主要分为两个方面:一是文献调研,即在有关文献中归纳和分析存在问题的种类、表现形式和主要原因。二是通过问卷、采访座谈等方法,调研所存在的问题、曾经的解决办法、问题长期存在的主要原因等。然后,需要对调研结果进行筛选、统计处理,分类建库,分析对比,总结规律,形成调研报告。

(2) 通过调研,建立改进管理制度可以采取的措施的集合(措施库)。需要注意的是,所收集的这些管理措施,不仅仅包括可以改变被管理者的各行为及其回报的措施,也包括那些能够改变被管理者的行为集(即控制行为资源和选择机会的措施)。因此,本书的管理制度强度设计,要比通常的激励设计的内容广泛。

(3) 使用制度设计的符号系统分析诊断和改进相关的管理制度的结构。这些符号系统包括了以下方面。

① 构图要素:主要由行为选择框(反映被管理者的行为集,包括行为类型、各行为的成本)、管理者的措施框(包括一级措施及各结果概率、二级措施及各结果与概率等)、行为回报框(包括回报概率与回报值,也包括人工回报与自然回报)、自然状态框(包括状态种类、各状态所形成的自然回报的概率与回报值)、措施效果线等构成。

② 构图规则:行为选择框有几种行为,就有几个出口(即有连线的),每个出口不能再接行为框,而是接被管理者措施框或自然状态框。每个措施框可以对被管理者形成回报从而形成支路终点,也可接新的行为选择框或者自然状态框。

在制度结构图下,各种复杂的制度会变得比较简单明了,不同具体内容的制度,可能会有相同的制度结构。实际上,管理制度仅仅呈现数量不多的基本的制度结构类型,这种情况有利于使用针对这些基本的管理制度结构建立计算其制度效果的数学模型。

(4) 使用数学模型分析和计算管理制度的性能(包括对行为的制约强度、管理者成本与收益等)。在制度结构图中,可以比较简明地看出被管理者的各种行为的综合回报(可由各行为出发的网络线计算出来),使得制度设计的复杂性大为降低,从而可以方便地计算与比较被管理者各行为的期望回报和成本,初步估计制度的有效性和发现问题所在。

① 对被管理者来说的管理制度强度的计算模型:即计算所设计的或者所分析的制度对被管理者的行为的制约力度有多大的模型,由此可以估计该制度的有效性——被管理者的行为是否能够服从制度的安排,是否存在不服从制度安排却期望收益更大的情况。这种计算可以用来估计行为管理

制度的有效性的强弱,并且可以根据各制度因素之间的制约关系为改进制度提供依据。

为此,需要给出制度的回报概率描述与博弈树描述,制度有效条件的数学模型描述等。初步确定的制度因素有:制度的观测力度(包括被管理者的行为被观察到的概率)、控制回报期望值差异(包含回报的概率与回报的值)、自然回报期望值差异(包含行为成本差异、期望回报矩阵)等。给出在维持制度的有效性的前提下,这些因素之间的制约关系。

② 对管理者来说的管理制度的成本与效益的计算模型:形成运用本项目组开发的符号系统来分析行为管理制度的成本与收益的方法,给出计算模型,并且给出关键成本环节和关键收益环节,以供改进和进一步发挥。这种计算可以用来评价某种具体行为管理制度的必要性以及如何改进该制度。

(5) 使用行为概率模型进一步估计制度效果。在这个步骤,需要建立作为管理对象的群体对各种行为的选择概率与各行为的期望回报之间的关系模型(该模型必须能够反映人的行为选择的理性因素与非理性因素),准确预测制度效果:由于人的行为选择具有非理性因素,因此对于人数众多的大众来说,即使遵守制度的收益明显大于不遵守制度,群体中也不会100%的人都遵守制度。如果人们对遵守制度所带来的期望回报发生变化,则人们遵守制度的概率也会变化。即制度下的期望回报变化引起的是大众行为概率的变化,而不是大众全体非此即彼。

行为概率模型所描述的就是人们对遵守制度的期望回报与行为选择概率之间的关系,该模型综合地反映了人们对行为的选择的理性一面与非理性一面。该模型中的参数主要通过统计回归得出。将该模型与前面的制度强度计算模型相结合,才能够比较准确地估计具体的行为管理制度对人们行为的影响程度。

(6) 使用计算机模拟所设计的制度的效果,实现制度设计的低成本实验。本来,为了提高制度设计效果的可靠性,应当进行相应的实验,但是,管理制度实验的时间长、成本高，另外，由于羊群行为（Herd Behavior）现象，人们的行为存在传染与模仿现象，此外还有许多难以直接用数学模型描述的现象，这些因素却增加了实验的难度。因此可以采用计算机模拟来"实验"所设计或改进制度的效果。

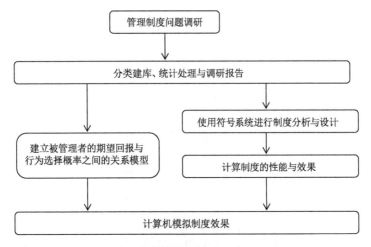

图 1-9　管理制度的强度设计的步骤

1.13　制度的漏洞治理设计

制度的漏洞治理设计，主要是针对由于管理制度不完善，造成一些管理对象"钻制度漏洞"而逃避制度管理，进而造成管理制度效果不佳，从而对管理制度进行分析，对管理制度进行完善设计的过程。比如，国家对残疾人的救助制度，本来的目的是帮助弱势群体，但有的地方由于在管理制度中存在漏洞，导致一些健康人也通过办理"残疾证"骗取国家补贴的情况。此外，医保制度中遇到的"骗保现象"，一些国企和事业单位用工制度中的"吃空饷问题"，都是典型的制度漏洞问题。制度的漏洞治理设计，主要包括如下步骤。

（1）通过调研，分析制度的漏洞点，分析造成这些漏洞点的机会、资源、回报等不良行为的条件，并分析各种漏洞点之间的制约连带关系。

（2）针对制度漏洞点集合，通过调研，建立治理这些漏洞点的措施集，包括机会措施、资源措施、回报措施。

（3）从措施集中选择相应的治理措施，形成制度漏洞治理设计的不同方案的制度结构图。

（4）在制度的结构图基础上形成分析和计算行为管理制度漏洞导致的制度失效率，比较各治理制度漏洞治理设计方案的成本与收益，选择最优方案作为设计结果。

制度的漏洞治理设计的步骤如图1-10所示。

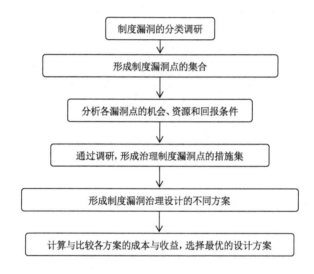

图1-10　制度漏洞治理设计的步骤

1.14　制度的接口设计

制度的接口设计的理论基础是任何管理制度都是在一定的社会环境中实行的，如果社会环境对制度具有支持作用，则管理制度的效果就较好，反之则较差。比如,某些农村地区的人们法制观念淡薄,对公民的选举权不重视,这会导致这些地区的"村委会选举"制度效果不佳,一些不法分子甚至给村民发点鸡蛋就能成功"贿选"。这就是"村委会选举制度"的文化接口不良的表现。制度的接口设计,主要是对管理制度的社会环境进行分析和改进,使之对管理制度形成良好的支撑作用。制度的环境接口,从环境接口与管理制度本身的关系来分类,可以分为制度—制度接口、制度—文化接口、制度—物质条件(比如技术设备等资源)接口。从制度接口的作用的角度来分类,则可以分为制度的输入接口、输出接口、支撑条件接口三大类。

制度接口设计的主要步骤如下:

(1) 在调研的基础上,归纳目标制度的接口数量与类型。尽管现实中制度种类与结构十分复杂,但在制度工程化设计图中,很容易发现与归纳最基本的制度接口数量与类型。

(2) 分析目标制度的三大类可能的接口的特征及其设计方法与有效性条件。这三大类接口是:输入接口,主要用于向制度结构内部传递政策与管理任务等;输出接口,把制度功能传递到其他制度模块或者传递到执行者;支撑条件接口,主要协调制度内部结构与外部支撑条件,比如必要的人才资源和技术设备及文化环境等。

(3) 接口的传递功能设计。接口共有三种传递内容:信息传递、执行传递、条件传递。其中,信息传递的设计主要考虑保真问题,执行传递的设计重点考虑防偏差问题,条件传递设计重点考虑畅通性问题。

(4) 对目标制度的各接口的保真防噪的方法与措施进行设计。制度接口的重要的质量要求,是接口对所传递的内容必须具有较好的保真性,即不发生影响制度效果的畸变。为此,就需要分析对制度接口的保真性产生干扰的原因与因素等,为目标制度的各接口分析和寻找防噪的方法。

(5) 接口的转换功能及转换方法设计。制度内部结构与外部环境,对制度接口传递内容的要求不同,制度接口必须具有转换功能与协调功能,使相关内容在接口两端产生适应性。而信息传递、执行传递、条件传递的转换方式方法均不同,必须分别加以分析与设计。

(6) 各接口的承载极限能力评估。接口不是万能的和无限的,当环境超出制度要求过多时,接口会无法发挥相应的转换与承接功能。因此,需要对制度与环境的关系进行评估,特别是要对各种接口的承载极限能力进行准确的评估。在这方面,准确的环境变量的评估方法是重要的一环,应当充分重视。

制度的接口设计的过程如图 1-11 所示。

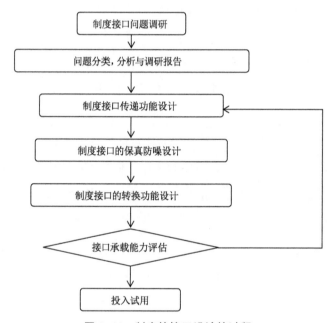

图 1-11　制度的接口设计的过程

第 2 章

管理制度强度设计的回报链法

2.1 管理制度强度的概念

所谓的管理制度的强度,指管理制度对管理对象的符合管理目标的行为具有的驱动力和对不符合管理目标的行为所具有的制约力的大小。如果没有管理制度的存在,则管理对象的行为可能会向着不利于社会利益的方面发展。管理制度的根本作用,其实就是使管理对象的行为在管理制度的驱动与约束下向管理者所预定的目标发展。因此,研究如何科学地建立具有一定强度的管理制度,探讨提高管理制度强度的方法和技术,对管理实践具有重要的参考意义。

但是,长期以来,传统地设计管理制度的方法还仅仅局限于经验性、思辨性的范围中,人们还没有自觉地去寻找科学的方法来从事管理制度设计。因此,本章也只能初步地就管理制度强度设计的原理与技术开展一点探讨性的研究。

管理,实质上是管理者控制着管理对象向管理者所希望的状态发展或运动。而如果没有管理者的干预,被管理对象一般是不会自发地实现这种运动的,否则就没有必要对其进行管理。这里,一个极其重要的问题是,管理者依靠什么来使自己的控制与干预有效地作用于被管理对象(如个人、团体等)呢?换言之,是什么保证了被管理对象必须按管理者意愿来行事呢?答案是,提供这种保证的是具有一定强度的管理制度。

一般地说,被管理对象必定存在着某种倾向,即某些自发的追求。例如,作为个人,可能希望得到物质利益,或者乐于得到好的名声;作为团体,则总是向建立良好的声誉与形象、寻求经济收益与自身的扩大和发展等方面去努力。这样,如果管理者能够提供满足这些追求和倾向的回报,如金钱、物质产品、精神表彰、扩大团体的许可等等,并且有效地控制住这些回报,被管理者才能积极支持。换言之,管理者所制定的目标成为被管理者得到所追求的回报的条件,这时,被管理者就会按管理者的旨意行事。这就是管理制度强度设计的一般原理。在上述情况下,管理活动是有效的。我们所言的建立具有一定强度的管理制度,就是追求满足上述一般原理的一套管理准则,当这样的一套准则得以建立并发挥作用之后,所建立的管理制度具有较好的强度。

2.2 管理制度强度设计的步骤

基于上述管理制度强度设计的一般原理,进行管理制度的强度设计应遵循下述步骤。

2.2.1 倾向分析

倾向分析,即分析被管理者有哪些自发追求。例如,作为个人的被管理者,有追求名誉、物质利益、情感(如成就感、友谊与关心等)的倾向;作为团体的被管理者,有追求发展、追求业务成就的倾向等等。分析应当详尽、不遗漏,可以通过列表来表示分析结果。倾向只有罗列详尽,才有利于寻找和设置回报。这里应当注意的是,倾向不仅仅包括正向的,也包括负向的,如躲避皮肉之苦是儿童共有的负性倾向,所以这种依靠竹板管理学堂的习惯在中外教育史上都曾沿用了几千年。此外,要尽可能把每种倾向分析得细致一些,例如对于情感倾向,不应只粗略地将之表示为"情感",而应细分为"事业成就感""友谊与关心""爱好和志趣"等等。而对于实际机制设计中需要面对的具体的个人和团体,还可以结合专业特点进行进一步细分。

2.2.2 回报分析

回报分析,即根据倾向分析的结果,针对每一种倾向,寻求管理者能够提供的或可以控制的回报,可以列表表示。如果倾向种类较少,也可以用有向图来表示。例如,对于倾向"事业成就感"的,可以把"成功的机会与确认"作为回报;而对于倾向"物质利益"的,可以把"工资与奖金"作为回报。这里有必要说明的是,回报是有正负性的,在分析时应当全面考虑。例如,对于"物质利益"这一倾向,除了"奖金与工资"这一正面回报之外,还有"经济惩罚"这一负性回报。回报都应当是可以度量的,即必须有强弱变化。

2.2.3 状态分析

状态分析,即依据管理者所希望的目标,对被管理者达到目标时的各种标志进行分析。例如,对于"学习进步"这一目标,表现学生"学习进步"的各种标志有:(1)政治理论水平;(2)理想、信念;(3)道德水平;(4)专业理论知识水平;(5)实干能力与技巧;(6)身体素质。这些标志表示被管理者达到管理目标与否的各方面的状态。换言之,我们是根据度量这些"状态",来观察被管理者是否达到管理目标的。各方面的状态应当是有强弱变化并且是可观察的,还应能够度量。状态分析也应注意详尽,可利用列表方法来进行分析。

2.2.4 把状态与回报相连接

这是最关键复杂的一个步骤。其原理是,通过自然规律或人为制定的手段(包括法律、规章、规范)使状态与回报有这样的关系:当被管理对象的状态向管理目标接近时,所得到的正回报就增加,负回报就减小;而如果被管理对象的状态向背离管理目标的方向运动时,所得到的正回报就减少,而负回报则增加。有了这样的对应关系之后,由于被管理对象有追求正回报而躲避负回报的本性,他(它)就会努力使自己的状态接近管理目标,从而达到管理目的。例如,以上文的"学习进步"的一个状态"专业知识水平"为例,我们假设把它与经济回报"奖学金"相连接。我们通过制定制度形成这样的关系：学生所达到的专业知识水平越高，奖学金越多，这样，如果学生希望得到奖学金，就会努力学习以使自己的专业知识水平有较大的提升，从而管理者实现了提高学生专业知识水平的目的。

这个例子只是为了简单说明问题，但实际过程远非如此简单，否则管理制度设计就没有什么应用价值了。事实上，在连接过程中要综合考虑并处理许多相互关联的问题。比如，形成这种连接有通过自然规律和制定人为手段两种方式，我们应当尽可能采用通过自然规律连接而少用制定人为手段来实现。因为从管理成本方面来考虑，制定人为手段的代价要比利用自然规律高得多。再比如，一种回报可能对多种状态都有负向作用。在这种情况下，构造连接时就要考虑平衡问题，这样往往涉及这种连接所形成的"结"的强度计算。还有，由于状态和回报的多样性，连接所形成的"结"有正负之分，导致多个"结"在串并联时总的"结"有正负的计算问题，等等。这些问题，后面再进一步叙述。

综合上面所述的四个步骤，我们可以将管理制度设计的基本过程简示如图2-1所示。

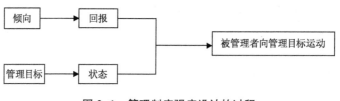

图2-1　管理制度强度设计的过程

2.3　构造"结"的技术问题

为了行文的方便，这里我们把某种状态与某种回报以某种方式相连接称作为一个"结"。构造"结"涉及许多复杂的技术问题。限于篇幅，这里只能就主要内容进行较简单的探讨。

2.3.1 结的形式

结的形式有两种：一种是状态与回报以自然规律的形式相关联。自然规律指在没有人为干预的情况下，某种状态的改变必然会引起回报的相应变化的规律性关系。例如，在市场经济环境中，个体经营者经营水平（状态）的变化必定会引起其经济收入（回报）的变化，而且这种对应变化并不用管理者干预就存在着，因而这是一个以自然规律方式形成的结。

另一种结的形式是状态与回报以人为干预的方式相关联。这里的"人为干预"主要指通过制定规章制度、法律、行为规则等形成的"人为的规律"。例如，在企业管理过程中，如果劳动者生产的产品多、质量好（状态）则管理者就会通过制定的有关规章给予其一定的奖金（回报）。因而，状态（产品的数量与质量）与回报（奖金）的结是以人为干预的方式实现的。

为了方便讨论，后文我们把人为干预称之为"手段"，即把通过人为干预所形成的结称为通过设置手段而形成的结，而前一种结则称为通过自然规律形成的结。

一般地说，通过自然规律所形成的结成本较低，而通过设置手段形成的结成本较高。这是因为通过设置手段形成结时，回报大多为管理者提供的，而不是像自然规律形成结那样，回报是自然存在的。并且，通过手段形成结还有许多工作要做，如评价与检查监督等等。所以，应尽可能多地使用自然规律来形成结。但是，自然规律形成结时的选择性较差，一种回报对某种状态有正面作用时，却可能同时对另一种状态有负面作用，从而使回报的导向作用发生偏差。例如，市场经济条件下的经济回报与努力生产劳动产品的结，是正向的，促进了生产的积极性，但经济回报对人的乐于奉献精神的结却是负向的，不利于这种精神的养成。这方面的问题在后面再进行论述。

2.3.2 结的强度

结的强度指某状态的变化所引起相应的回报的变化程度，引起的变化越大,则结的强度越强。在构造结时,一般希望其强度越强越好。

为了保证一定的强度,需要从几个方面来努力。

(1) 回报必须有一定的可变幅度。只有这样才有可能使回报随状态变化而发生较大幅度的变化。例如,当以技术职称为回报时,如果只有一两个职称等级,回报幅度就小,就无法形成较强强度的连接。而如果有八九个等级,则就为回报的大幅度变化提供了可能性。

为了形成有较大可变幅度的回报,可以将同类但正负相反性质的回报对接起来作为单一回报。例如,把奖金与罚金这两个正负相反的回报对接,使其与工人工作努力程度这一状态形成结:工人工作努力就给其奖金,不努力就给予罚金,这样的回报变化幅度很大,所形成的结的强度就很强。

(2) 形成结的另一端状态应有可变性与可度量性。只有这样才能使回报有效地随之变化。例如,工人的智力是相当稳定的不易变化的因素,如果以其作为状态而与回报相连接,就无法促使工人努力工作而实现管理目标,也无法令人信服工资不断变化是合理的。再比如,由于思想道德水平变化的可度量性较差,其作为状态与回报相连接时,也难以准确地使回报作相应的变化,因而其结的强度也不强,这是一个值得进一步研究的问题。

(3) 回报必须有良好的可控性和反应度。回报的良好可控性指回报能够准确而严格地随状态变化而变化。例如,当以工人的工作业绩作为状态而以经济收益作为回报并使二者相连接形成结时,假如工人工作不努力则工资奖金回报就很少,但他如果能通过业余职业取得较好的收入,那么这种结则无助于改善工人工作业绩差这一状态。所以,要保持回报的可控制必须做到两点:①能有效地依据结来提供回报,即如果状态改善,被管理者必须能够相应地得到该类回报;②能够有效地阻断回报,即要阻断从其他非结渠道得到该类回报。从这一点来分析,全家仅有单职工养家的工人会更加努力地工作,因为减少工资与奖金会对其有较大的实际性惩罚。

回报的反应度指回报随状态变化而改变的幅度,显然,回报的反应度越大,则结的强度越强。反应度可用如下公式来表示,式中 K 越大,回报的反应越大。

$$回报反应度 = K \times 状态变化幅度$$

（4）回报的主观价值。回报的主观价值指被管理者对该回报的渴望程度（正回报时）或害怕程度（负回报时），这种价值与具体的被管理者有关，因而被称为主观价值。无论回报是正是负，主观价值大则结的强度大。所以，对某种回报的奖与罚都无所谓的人，是最难于管理的。回报的主观价值取决于管理者在这个方面的倾向大小，应在倾向分析与回报分析中注意筛选。

（5）回报必须有一定的限度，如果超过了一定的限度就达不到最终的管理目标，例如正回报太高时，超出了管理者的提供能力，使管理者负担增加，不能持久；相反，负回报太大时，超出了被管理者承受能力，或者超出了社会正常认知水平，变成"小错重罚"，就会给人一种不公平的印象，造成人们对过错者的同情。在这种情况下，作为管理措施的负回报是难以被执行的，从而形成一种"制度虚设"现象，反而损害了管理制度的权威性，导致"制度失效"。比如，一些高校的考试制度规定，对考试作弊的学生处以"开除学籍"处罚，本来的目的是想通过"严罚"来杜绝作弊现象。但对于如此重的惩罚，常常会导致监考老师"不忍心"上报发现的作弊者，一旦真的开除学生，也会导致社会舆论，结果造成该制度"形同虚设"。

2.3.3　回报对状态的作用力

正回报会促使状态向正向发展，负回报会促使状态向负向发展。一般地说，当结的强度高时，这种作用力也大。而管理的目的也正是通过结对这些状态进行控制的。

这个问题看似简单，但在实际的管理制度设计中却常常偏离这个要求。这里举一个现实中的例子。

为了保护消费者利益，某城市的许多农贸市场都设立了"公平秤"并且配置了专门负责帮消费者"复称"的掌秤人。没想到的是，在实际上却多次发生了"公平秤"的掌秤人偏袒缺秤商贩的情况。比如，某消费者感觉购买的大米缺秤，拉小贩到"公平秤"来"复称"，没想到"公平秤"的掌秤人不但不积极帮消费者复称商品，反而对消费者大放厥词："你又不是买金子，这么斤斤计较有啥意思？"

这个问题的出现，实际上正是管理制度设计者对正负回报的调研与设置不恰当造成的。在处理缺秤行为的问题上，掌秤人有两种行为可以选择，一是维护消费者利益，二是偏袒缺秤人。

事情的关键在于，这两种行为的回报正负性是不一样的。由于顾客都是过客，所以如果维护顾客利益，几乎得不到什么正回报，但由于缺秤人都是农贸市场的小贩，天天与之接触，所以如果得罪了小贩，往往会受到负回报（比如找自己的麻烦）；而如果偏袒缺秤人，却可以结交这些缺秤的小贩，少不了会得到一些好处。

所以，两种行为相比，偏袒缺秤人的正回报要比维护消费者利益的正回报大，而偏袒缺秤人的负回报要比维护消费者利益的负回报小。在这样的情况，公平秤的掌秤人就站到了缺秤人的一边，设计初衷为保护消费者利益的"公平秤制度"失效就不足为奇了。

2.3.4　状态受力的总体平衡

一般地说，被管理者受控的状态有多种，这些状态在回报作用下向正向发展。但如果各状态受到回报的作用力不均衡，即回报对各状态的作用力有强有弱，甚至有正有负，则就会导致各状态的发展不均衡，这样，就会偏离管理目标。例如，设有三个状态：a、b、c，如果三个状态与回报的结的强度是均衡的，则受力相同，被管理者运动不会偏离目标；而如果状态 a 与回报的结的强度大于状态 b、c 与回报的结的强度，从而出现结强度不均衡的状况，便易导致被管理者偏离管理目标。

这方面最生动的实例是某些地区对艺术团体管理的偏差。总的来说，艺术团体的状态有两个，一是其为公众喜爱的程度，一是其演出的艺术价值。与前者相连接的回报为票房收入，与后者相连接的回报是艺术声誉。由于前者结的强度大大超过后者结的强度（票房收入变化幅度大而快，主观价值高，反应度大；而艺术声誉变化缓慢，主观价值低，反应度小），就导致一些高端艺术渐渐衰败，即偏离了公众化与艺术价值相结合的本来的管理目标。

对各结的强度进行总体平衡的办法有两种：一是设法削弱或阻断一些过强的结，这样的结大多是由自然规律结成的，如艺术公众化则票房收入必然高。如想削弱它则可通过设置手段来阻断它，如规定公众化艺术票房收入交国家或减少反应来削弱它，如使艺术团体的票房收入只占其总经费的20%，等等。二是设法加强一些较弱的结，对于艺术价值高的演出，国家可设立专项经济补贴，从而增大回报的主观价值与反应度，等等。

通过回报分析与状态分析，对于一个完整的被管理者（包括个人、团体）来说，可能有下列几种回报与状态的关系。

（1）回报与状态一一对应，无交叉现象，如图2-2所示。例如，工人的产量与经济回报构成结，工人的道德水平与社会评价回报构成结，便是如此。

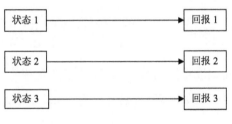

图 2-2　回报与状态一一对应

（2）有的回报与多种状态构成结，例如，经济回报既与工人的产量相连接，又与工人的思想水平相连接。这种结如图2-3所示。

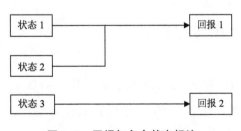

图 2-3　回报与多个状态相连

(3) 有的状态与多种回报连接。例如，工人的产量既与经济收入相连接，又与社会评价相连接。这种结如图 2-4 所示。

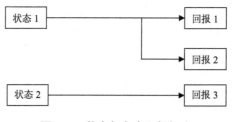

图 2-4　状态与多个回报相连

在进行状态受力的总平衡时，应以各状态为基点，计算其与各回报相连接所成的结的总体强度，然后对各状态的总体受力强度进行比较，找出受力过强的和过弱的状态，设法进行平衡。

状态受力的强度度量是相互比较的基础。建议用下式来计算受力强度（注意：这个力表示的是被管理者在该状态方面努力的倾向程度）。

$$受力强度 = \frac{回报的主观价值的变化幅度}{状态变化幅度 \times 状态变化成本}$$

其中，各种变化幅度可用倍数表示，而状态变化成本指被管理者在这一方面发生变化时的代价，如时间、难易度等等，可以用估计系数方法来解决。回报的主观价值可用各种评估方法（如特尔菲法等）得出。这中间有许多具体计算问题，可以借用各种系统工程方法。本书由于是初步研究，只提出一些原则性做法。

2.4　结的串联与并联

设有状态 A 与回报 B 通过某种手段或规律形成了一对结，而又有另一种手段或规律使 A 与 B 形成结，这时我们称 A 与 B 是两个结并联而成的复合结，如图 2-5 所示。当然也有三个、四个或更多结并联成复合结的情况。

图 2-5　状态与回报之间的关联结

并联通常是为了加强或削弱某个结而采用的。例如,个体商业者的经营额(状态 A)使得经济收入(回报 B)大量增加,导致结过强,会在社会上产生副作用,就可以用随营业额增长而增加税收(营业额与回报 B 的负结)的手段来削弱这一结。实际上是在原有连接的基础上并联上了一外负结。再如,教师工作努力(状态 A)但经济收入(回报 B)低,导致结过弱,就可以设立专项奖金来奖励工作努力的教师。这实际上是在原有结的基础上又并联上一个正结以加强结的强度。

并联结的正负与总强度,应当是各参加并联的各结的代数和。由于为同一状态和同类回报,计算时的可比性较好,较易求出解。

设有状态 A 与回报 B,但无法构成结,而状态 A 可以与状态 W 构成结(即对应变化),状态 W 又与状态 V 构成结,而状态 V 可与回报 B 构成结,则可以将这些结串联起来构成复合结,如图 2-6 所示。当然还可以有更多的结串联成复合结。

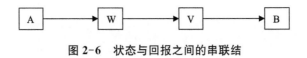

图 2-6　状态与回报之间的串联结

例如,在某些国家中,学校的教学质量(状态 A)高并不能直接引起学校的经济收入(回报 B)的增加,但是,教学质量高则会引起学校声誉好,声誉好则学生报名多,学生报名多则引起学校的经济收入(回报 B)增加。这样,就形成了一个串联结(图 2-7)。

图 2-7　串联结的例子

串联式复合结常用来构成难以直接连接的结。串联式复合结的强度最弱,而正负性则取决于其中负结的奇偶数。当有奇数个负结时其正负性为负,当有偶数个负结时则为正性。例如,工人的工作认真程度(状态 A)与产品次品率(状态 B)成负结,而产品次品率(状态 B)又与奖金(回报 C)成负结,两个负结最终串联成正结。其复合结为图 2-8 所示。

图 2-8　工作认真与奖金增加通过串联形成正结

第 3 章

制度强度设计中的观测与抑制
——食品安全监管制度案例

3.1 问题的重要性

近年来飞速发展的新学科制度工程学,以解决制度设计的科学性为核心,即致力于准确描述制度的结构和参数的问题(Sun,2016;孙绍荣 等,2018;孙绍荣 等,2010),设法改变日常语言模糊不清和难以把握管理制度的整体结构的情况,使制度设计由依赖经验发展到参数计算,改变了无法准确比较方案优劣的情况,从而改善了分析与设计管理制度的可操作性。

在制度工程学中,从管理制度设计的任务(即需要解决的问题)角度分类,有制度的强度设计、制度的漏洞治理设计、制度的环境接口设计三大类。在制度的强度设计中,主要是通过制度提升管理对象对良好行为的驱动力和对不良行为的抑制力来实现的。由于驱动力和抑制力在实际上都是制度的执行力,因此为了准确地实现其执行力,相应的管理制度必须具有良好的观测力。

由于实际的管理制度设计都是具体的,即只在具体行业管理与问题治理的实际任务中才会应用到管理制度设计,因此本章以食品安全监管为例,提出在制度强度设计中两个重要任务及其具体方法,即加强观测力和对不良行为的抑制力问题。其中,具有观测功能的观测器,通常被称为"制度之眼",而对不良行为具有抑制作用的抑制器,被称为"制度之手"。

作为本章的案例,食品安全问题是一个非常重要的问题,事关国家公共安全,也事关国际贸易。在我国,食品工业已成为第一大产业,其重要性不言而喻。因此,我国对建立食品安全体系十分重视,也频繁地对食品安全监管制度进行改革。

对于食品安全监管制度强度设计,科学化是该制度设计成功的重要条件。如果没有管理制度设计的科学方法,人们对食品安全监管制度的问题分析与解决方案,往往只能基于个人的经验。因此,对同一种问题,不同的

管理制度设计

人给出的建议常常相左,给出的方案常常过于笼统和模糊,科学性、客观性、可操作性往往都较差(定明捷 等,2009)。因此,对于食品安全问题,非常有必要开展跨学科的研究,大力引入其他学科的科学方法。

3.2 观测器失明问题

根据制度工程学,管理制度的观测器是监管制度运行链条上的起点。观测器被称为"制度之眼",它的作用是及时发现不良行为及相关行为主体,为监管制度的后续动作提供依据。具有良好的观测器是监管制度有效运行的最基本条件。如果对于社会上发生的各类危害食品安全的不良行为,相应的监管部门不能及时准确地察觉,这种情况用制度工程学的概念来表示,就是观测器失明的问题。那么如何避免观测器失明呢?

首先,观测器内部的功能划分要合理。如果观测器内部的功能划分不合理,存在"观测空白",就会造成观测器失明。比如,食品从生产到加工中的有些环节如果无专门机构监管,出了问题找不到可以追究失察责任的机构,就属于此类问题。

其次,观测器执行队伍必须强大,才能避免监管资源短缺问题。经学者实地调查发现,某地14.6万家持证餐饮企业,实际监管人员仅1 548人,平均每人监管94家企业(陈莉莉 等,2016)。此外,还有不计其数的食品门店、作坊及小摊贩,还有数不清的种植与饲养户。在这样的情况下,观测器的执行队伍严重不足,是观测器失明的重要原因。

为了解决资源不足的问题,我国许多学者提出了发动社会公众及各方面力量来参与监督食品安全,即"社会共治"的思路,这是一个重要的进展。

再次,观测器必须具备自我进化能力。优良的观测器,应当具有自我进化能力,尤其是在科技发展日益加快,危害食品安全的作假手段层出不穷的情况下,食品安全监管制度中的观测器对新出现的有害添加物的观测绝不能反应迟钝。对于新的作弊手段,监管部门要能够和必须主动增加检测新项目。只有这样,食品安全监管制度的观测器才能充分地发挥"制度之眼"的作用。

3.3 加强观测器建设的四个方面

根据制度工程学,监管制度的观测器的性能参数主要有观测力度、准确度及成本三个方面。其中,观测力度指在不良行为发生时,该行为"被观测到"的概率的高低。如果概率高,就是观测力度大,反之为小。观测器的准确度,主要是指观测结果的真实性。观测力度与准确度越大,观测器的性能越好。同时,在相同的观测力度和准确性的前提下,观测器的成本越低越好。

对于我国食品安全监管制度来说,提高其观测器的观测力度与准确性和方法,主要有建立食品安全情报制度、重视技术设备、消除观测空白。同时,在提高观测力度与准确性的同时,为了避免大幅度地增加成本,使食品安全监管制度具有良好的可行性,应当建立资源开拓制度。

3.3.1 建立食品安全情报制度

及时探知社会上新出现的食品质量作弊手法,不断调整和增加监管检测范围,是保证食品监管制度的观测器这个"制度之眼"发挥作用的重要条件。为此,应当建立食品安全情报制度。具体做法是在有关监管部门中设立食品安全情报机构,负责了解本地食品安全情况动向,对食品质量作弊手法进行研究和分类,并将其及时上报给有关部门。同时,在食品种植与生产和销售的各环节,聘请食品安全信息员,收集有关情报。只有这样,才能形成对于各种食品质量作弊手法"露头就打"的局面,决不让违法犯罪行为恣意蔓延。

3.3.2 重视现代科学技术设备的应用

充分利用现代科学技术设备来提高观测器的观测效率,在管理过程中重视现代技术设备的应用,实现管理制度与技术设备的结合,是制度工程学的主要思想。

事实说明,现代科学技术在提高食品质量观测效率方面非常重要。比如,气味探测传感器检测食品气味和"味谱"范围的准确性远远超过人工检测的准确性,计算机视觉对食品外观的检测速度远超人工观测的速度,可有效解决人力不足的问题,DNA技术在动物类食品的追溯制度中起重要作用。这些技术设备的应用,不但极大地提高了食品质量检测的效果和速度,而且还在一定程度上减少了检测人员受贿与权力寻租等行为。因此,国家应当重视对现代科学技术设备在食品安全检测方面的研发与推广,让先进的技术设备成为保障监管制度效果的利器。一些国家的食品安全监管制度效果良好,也与其重视技术设备有很大关系。

3.3.3 消除观测空白

可以通过对观测器观测范围与观测分工进行了详细的规划,有效地消除观测空白。

根据制度工程学,观测器的内部结构与观测分工需要很好的设计与规划。一些国家在这方面也很重视,检测范围涉及农作物种植、收割、包装和存放等各个环节,甚至还包括检测灌溉用水质量、消毒相关工具以及建筑场所,让食品安全观测决不留死角。这些观测手段,形成了对食品安全问题的极为严密的观测,有效地震慑了不法之徒。

3.3.4 建立资源开拓制度

建立有效的资源开拓制度,充分利用社会与专家资源,低成本地扩大观测力量,是提高观测器效能的重要方法。

笔者建议,在监管机构的运行经费中设立技术咨询与合作经费项目,使监管机构广泛增强与相关检测类企业、机构及高校实验室等的合作与联系,形成覆盖全社会的一张监管大网。从世界各国的情况来看,如果仅仅依靠政府进行食品安全监管,几乎都会遇到监管力量不足的问题。许多国家在长期实践中形成了利用社会与专家资源的有效制度,从而较好地解决了这个问题。

3.4 抑制器失灵问题

根据制度工程学,抑制器是监管制度中对不良行为产生"抑制力"的重要部件,被人们形象地称为"制度之手"。对于食品安全监管制度来说,如果抑制器失灵,则不法分子就会肆无忌惮,劣质食品就会泛滥。

抑制器失灵分为极限式失灵与补偿式失灵。不幸的是,我国的食品安全监管制度的抑制器中,这两种失灵都是存在的。

3.4.1 极限式失灵

极限式失灵,指抑制器对不良行为的效用、资源、机会等行为的条件要素的剥夺已经达到极限,无法再进一步剥夺,从而失去抑制作用的情况。

抑制器的极限式失灵,在对那些不计其数的小型甚至超小型食品加工黑窝点执法时较容易发生。比如,对于那些使用廉价原料的"夫妻作坊"和"食品摊",监管部门对他们"吊销卫生许可证",但是他们本来就无"许可证",无证可销;罚款,他们无钱交;判刑,他们没有"足以造成严重食物中毒事故或者其他严重食源性疾患"因此不够条件;"没收非法生产工具",这些极为简陋的工具根本不值钱;"上失信者黑名单",他们不在乎,因为他们根本就没有任何"商业声誉资产"。

3.4.2 补偿性失灵

补偿性失灵,是指抑制器拟剥夺的行为要素存在无法控制的额外补偿,这时抑制器对这种要素的剥夺效果会大大削减。在食品安全监管制度方面,补偿性失灵通常表现为,对不法分子的惩罚不足以抵消其收益,导致监管制度失去威慑力。

3.5 分类惩罚制度及记录制度和惩罚执行保证制度

为了防止抑制器失灵,除了适当地增加惩罚力度之外,还应当建立分类惩罚制度、不法行为记录制度与惩罚执行保证制度,对危害食品安全的不法分子,要处罚得使其真正感受到"痛",并且从制度上保证其执行到位,不给其任何逃避惩罚的机会。

3.5.1 建立分类惩罚制度

根据制度工程学,不同的监管对象对各种惩罚的敏感度是不同的。为此,应当根据食品安全监管对象的不同,采取不同的惩罚措施,以此来保持食品安全监管制度对违法行为具有有效的抑制力。

比如,一些具有一定规模的大型食品加工企业,其年经营额巨大,对于区区几十万或几百万罚款根本不会在乎。但是,这类企业最害怕的是具有巨大商业价值的企业声誉的受损。因此,对于这类企业,如果发生食品安全违法事件,一张广而告之的问题企业黑名单比罚款的威慑力大得多。至于那些流动性很强的小商小贩小作坊,其中不乏"屡罚屡犯"的难缠之徒,他们有不怕吊销许可证、不怕罚款、不怕"上失信者黑名单"、不怕没收工具,又不够判刑的特点。对于其食品安全违法行为,可以考虑采取取消其"暂住证"、取消其申请经营贷款资格和其他福利性项目的资格等措施进行惩罚,以形成有效的威慑力。这样,这些违法人员就会失去继续"混下去"的能力。

3.5.2 建立危害食品安全的不法行为记录制度

对于危害食品安全的不法分子,要建立相应的信息系统记录其"案底"。这样,当他们申请创办食品加工经营类公司或者应聘与食品相关的职务时,有关部门可以根据其不良记录加以限制。这方面可以参考交通安全信息网与数据库系统的做法,建立相应的全国联网的食品安全信息系统。有了这个系统之后,执法人员可以方便地查询其食品安全违法行为者是"初犯"还是"累犯",以便相关部门根据情况决定是否要加重打击力度。

3.5.3 建立惩罚执行保证制度

对于惩罚危害食品安全的不法行为的执行情况,要建立反馈机制,向举报人或者受害者公布对不法分子执行的惩罚,他们如果对执行情况不满意,可以向有关部门投诉。同时,建议把对食品安全案件的惩罚执行率,作为考核相关工作人员业绩的重要指标。相信通过这个措施,可以大大提高食品安全案件的惩罚执行率,有效地震慑不法分子。

3.6 观测器与抑制器的意义

以制度工程学这一科学理论为制度分析工具,可以清晰地看出,建立良好的观测器与抑制器是食品安全监管制度设计需要关注的两个重要问题。

按照制度工程学,观测器是制度之眼,抑制器是制度之手。观测器效果好,制度之眼明亮,才能准确地打击食品安全犯罪与违法行为。抑制器效果好,制度之手有力,才能把违法分子打痛打怕,使他们不再敢为了一己私利而危害人民的健康。在威严监管制度的利剑下,任何个人和企业,都必须老老实实地依靠诚信经营和优质的产品,在高度竞争的市场中谋得一席之地。

第 4 章

制度强度设计中的结构参数分析
——餐饮行业监管制度案例

4.1 制度结构参数分析概述及餐饮监管问题

管理制度的结构参数分析,是管理制度强度设计中经常采用的一种重要方法。这种方法的特点,是根据管理制度的结构给出的观测器与促进器或抑制器的关系,建立相应的数学模型,并根据观测器与促进器或抑制器等这些制度部件的参数(简称制度参数),对该数学模型进行计算,以此估计制度的效果。如果发现制度的效果不佳,则分析原因,有针对性地改变制度的结构或制度参数,再重新计算制度的效果,这个过程可以不断地迭代,直到取得较为满意的制度效果。

由于现实中的管理制度都是针对具体行业的,因此为了叙述制度强度设计中的结构参数分析的方法,需要选取一个具体的管理制度。本章以餐饮监管制度作为案例。这是因为,从世界各国的情况来看,食品安全是一个相对难以治理的问题,尤其是食品安全监管制度效果在许多国家中都受到质疑,几乎被人们认为是制度顽疾,比如韩国的"垃圾饺子"事件,欧洲的"马肉丑闻"事件等等。

另外,食品质量和安全问题的重要性,使得各国学者从监管制度设计方面提出许多解决方法。比如,William S.Boddie(2014)建议各国应该联合起来共同致力于构建全面、综合、战略性的全球食品安全产品管理体系。Scallan Elaine(2011)提出应当根据食源性疾病的原因来指导食品安全监管制度的设计。Gowen A.(2007)则提出改善监管制度中的观测技术问题。文晓巍、刘妙玲(2012)通过对食品安全事件的调查,发现食品安全事件的关键成因是食品经营者明知故犯。韩永红(2014)、赵学刚(2010)、卢凌霄等(2012)提出了要综合运用行政、司法和私人规制完善我国的食品安全治理机制和风险分析体系,要健全食品安全法律,加强职能部门的分工和协调,实施先进的食品安全监管体系。在法律框架构建、监管制度完善方面,宋华琳（2011）指出应以食品安全国家标准为核心构建中国食品安全标准体系。隋洪明（2013）提出构建食品安全风险预防法律制度。唐晓纯（2013）认为要完善国家食品安全风险监测评估与预警体系。彭亚拉等人（2012）建议加大我国食品安全财政投入，提高监管效率。舒洪水等人（2014）提出要完善食品安全犯罪的刑事立法体系。

对于各类食品安全事件的发生，食品生产者的作弊行为是一个主要原因，因此在食品安全监管制度设计中必须重点解决该问题。从制度设计的角度来看，这个问题比较适于采用制度的结构参数分析方法来解决。

4.2 食品安全监管制度结构图的要素

本章采用制度结构图分析餐饮行业食品安全监管制度的结构与效果。制度结构图是一种专门用来描述制度结构的符号系统与制图规则系统（Sun，2016）。利用制度结构图对制度结构的描述，可以简洁清楚地描述出在食品安全监管制度中的各要素及其相互关系。为了方便读者理解后面的分析，下面先简单复述一下制度结构图中的各个要素的定义，这些要素定义及后面的公式、推导方法和分析方法，皆来自参考文献（Sun S R. Five basic institution structures and institutional economics. Springer，2016），在此特别声明。至于对制度结构图及其中各个要素的更详细的介绍，读者可以进一步阅读参考文献（Sun，2016）。

4.2.1 行为和行为集

行为是作为管理对象的人或机构所采取的行动方案，通常用字母 b 来表示。面对同样的情况，行为者常常会采取不同的措施或者行为，这些行为相互独立并且完备，可构成一个行为集合。即 $B=\{b_1, b_2, \cdots, b_n\}$，且 $b_i \cap b_j = \varphi$。$P(b_i)$ 用来表示作为管理对象的人或机构采取 i 行为的概率，因此，

$P(b_1)+P(b_2)+\cdots+P(b_n)=1$。

4.2.2 抑制器

抑制器表示对作为管理对象的人或机构的行为起到抑制作用的要素，它会使得行为者减少采取某种行为方式甚至放弃采取该措施，当需要促使某行为不发生或降低该行为的努力水平时，常常对该行为置以抑制器。行为的成本、因违法行为造成的惩罚均是抑制器。

4.2.3 促进器

促进器表示对作为管理对象的人或机构的行为起到促进作用的要素，它会使行为者增加采取某种行为方式的次数或者概率，当需要促使某行为发生或增加该行为的努力水平时，常常对该行为置以促进器。某种行为产生的收益、由于良好行为获得的奖励均是促进器。

4.2.4 观测器

观测器指对行为者的行为进行观测的装置。观测器会有"观测到"和"没有观测到"两个结果，两种结果是有一定概率的，即观测器的灵敏度或者观测力度，这与观测器的性能有关。p_i 用来表示观测到某行为 i 的概率。食品安全方面的行为通常受到卫生部门的监管，这种监管就是一种观测器。

4.3 食品安全监管制度的结构图

经过分析可以设计出一个简单的制度结构图来分析餐饮行业食品安全的监管，如图 4-1 所示。矩形框表示企业的行为集，在此处企业的行为集是二元的。其中 b_1 为守法经营，比如正常的采购渠道、安全卫生的操作、严格的食物存储和管理办法等;b_2 为食品安全的违法行为,比如采购低档原料以次充好,为节约精力和成本对碗筷消毒不及时,在食品中加入有害添加剂等。食品安全监管制度设计的任务,就是促使企业在可选择行为情况下,选择守法经营,放弃违法行为。c_1 和 c_2 分别表示在两种行为下产生的成本 ($c_1 > c_2$)。r_1、r_2 为企业在采取守法经营和违法行为情况下获得的收益,一般情况下 $r_2 \geqslant r_1$。若商家采用廉价原材料,消费者以正常价格购买,此时 $r_2 = r_1$;若商家利用欺骗手段,虚假夸大食品功效,提高食品价格,引发消费热潮,此时 $r_2 > r_1$。与 b_2 相联的是一组观测器,p_{22} 表示当企业发生食品安全的违法行为时,政府等监管部门未检测出现漏洞,此时企业正常经营并获得违法行为的收益 r_2;p_{21} 则表示监管部门检测到企业的违法行为,给予惩罚 s_2。s_2 通常表现为警告、停止营业、召回所售产品或者罚款罚金,因此是会给企业带来负向收益的值。观测行为只有两种,要么观测到,要么没有观测到,故 $p_{21} + p_{22} = 1$。在没有观测器的情况下,由于违法行为 b_2 的成本 c_2 小于守法经营的 b_1 的成本 c_1,且 $r_2 \geqslant r_1$,在企业追求利益最大化的情况下,均会采取不良的行为。因此,为了促进企业选择守法经营,观测器的存在是必要的,下面分析各个要素对企业行为的影响。

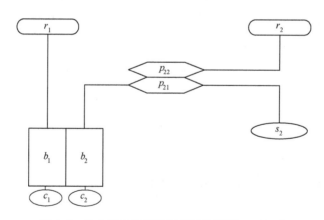

图 4-1　食品安全监管的制度结构图(Sun, 2016)

图 4-1 所示的食品安全监管制度的制度参数如表 4-1 所示。

表 4-1　食品安全监管制度的制度参数表(Shaorong Sun, 2016)

行为	内容	回报	概率	成本	效用
b_1	守法	r_1	1	c_1	$u_1 = r_1 - c_1$
b_2	违法	r_2	p_{22}	c_2	$u_2 = p_{22}r_2 - p_{21}s_2 - c_2$
		s_2	p_{21}		$= (1-p_{21})r_2 - p_{21}s_2 - c_2$

4.3.1　食品安全违法行为惩罚制度的有效性分析

通过对图 4-1 和表 4-1，可以进行如下分析。

如果食品安全违法行为的惩罚制度有效，即理性的餐饮企业经营者选择守法经营 b_1 而不选择违法行为 b_2，则必有守法经营的期望收益要大于违法行为的期望收益 ($u_1 > u_2$)，即：

$$r_1 - c_1 > (1-p_{21})r_2 - p_{21}s_2 - c_2 \tag{4-1}$$

在公式(4-1)成立的情况下，作为管理对象的食品经营者会选择守法经营而不是选择违法行为。因此，上式就是食品安全违法行为的惩罚制度的有效条件。在一般情况下，r_1、r_2、c_1 和 c_2 是监管部门难以控制的，想要使得监管制度有效的话就需要控制观测器观测出来的概率和惩罚力度。

从式(4-1)中可以发现，在没有观测器的情况下，$p_{21}=0$，由于 $c_1 > c_2$，$r_1 \leqslant r_2$，显然会出现 $r_1 - c_1 < r_2 - c_2$，即 $u_1 > u_2$。这时，守法经营的期望收益要小于违法行为的期望收益，从而监管制度失效，餐饮企业更倾向于选择违法行为。

由此可以看出，观测器和惩罚的存在会降低企业违法行为的期望值。但是，如果观测力度或者惩罚力度过低，虽然在一定程度上降低了违法行为的期望值，但会导致违法行为的期望收益仍然高于守法经营的期望收益，则餐饮企业仍旧会选择违法行为。

下面分析该制度结构中的参数变化对制度的有效性的影响。

在制度结构图 4-1 和表 4-1 中，由于 r_1、r_2、c_1 和 c_2 这些参数都是监管部门难以控制的,但监管部门对违法经营的惩罚 s_2 则是可以掌握的,因此我们假设 s_2 的变化范围为 1 到 6,而 r_1、r_2、c_1 和 c_2 的数值是根据调研给定的。根据表 4-1 给出的计算方法,u_2 随着 s_2 的数值变化,在表 4-2 中给出违法经营的期望收益 u_2 的取值与监管制度的观测力度 p_{21} 呈函数关系。

表 4-2　治理食品安全违法行为的惩罚制度参数设定(孙娜 等,2015)

参数	数值						
s_2	0	1	2	3	4	5	6
r_1				5			
r_2				5			
c_1				3.5			
c_2				2			
u_1				1.5			
u_2	$3-5p_{21}$	$3-6p_{21}$	$3-7p_{21}$	$3-8p_{21}$	$3-9p_{21}$	$3-10p_{21}$	$3-11p_{21}$

观测度 p_{21} 的取值范围为 $[0,1]$,以观测度为自变量,违法行为 u_2 的效用为因变量,就可以看出观测度和惩罚力度对 u_2 的影响。如图 4-2 所示。

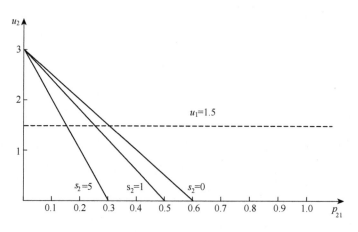

图 4-2　食品安全违法行为效用曲线

从图 4-2 可以看出,在惩罚力度不变的情况下,观测度越大企业违法行为的期望效用越低;但是在惩罚力度比较小的情况下,若想让 u_1 大于 u_2,需要较大的观测度。如图 4-2 所示,当惩罚力度 $s_1=1$ 时,为了使制度有效,观测力度至少要高于 0.25;当惩罚力度 $s_1=5$ 时,为了使制度有效,观测力度只需要高于 0.15 就可以了。若是观测到某种行为的概率很难提高或者成本较大时,提高惩罚力度可以达到同样的效果。因此,为了使餐饮行业监管制度有效保证食品安全,要积极引导企业选择良好的行为,在无法控制企业行为成本和收益的情况下,通过对观测力度和惩罚力度的组合控制,可以达到理想目标。

4.3.2　最小观测力度

整理式(4-1),得:

$$p_{21} > \frac{(r_2 - r_1) + (c_1 - c_2)}{(r_2 + s_2)} \qquad (4\text{-}2)$$

这就是说,如果要使这种制度有效,即如果要使个体在这种制度下会倾向于选择守法经营 b_1,则观测力度 p_{21} 必须满足式(4-2)的要求。在式(4-2)中同样可以看出观测力度与其他参数之间的制约关系,守法经营和违法行为的成本之间的差 $c_1 - c_2$ 越大,观测力度 p_{21} 越需要增加。企业采取违法行为的成本越小,其为了获得较大的利益选择"以身犯险"试图投机取巧的可能性就越大。为了防止违法行为的发生,监察机构应该加大监督力度。若因外在的因素没办法加大观察力度,那么增加惩罚的强度 s_2 也可以起到震慑的作用。惩罚强度的增加即 s_2 变大,那么 $r_2 + s_2$ 就越大,从式(4-2)中可以看出,观测力度 p_{21} 小一些,也能维持制度的有效性。

通过对模型中的参数进行设定,延续表 4-2 中的参数值,以惩罚度为自变量,观测度为因变量,可以分析出在保证监管制度有效性的前提下,观测力度和惩罚力度的关系。令 $c_1=3.5, c_2=2$ 以及 $r_1=5, r_2=5$,式(4-2)变成 $p_{21} > \dfrac{1.5}{5+s_2}$,如图 4-3 所示。

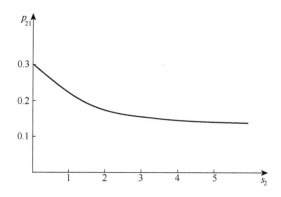

图 4-3 观测力度 p_{21} 和惩罚力度 s_2 的关系

从图 4-3 可以看出,在守法经营成本以及收益不变的情况下,惩罚力度和观测度成反比的关系,即惩罚力度越大,观测力度越小。因此,违法行为带来的巨额罚款或者严重的刑事责任可以起到震慑的效果。从图 4-3 中我们还可以看到,$\frac{\Delta p_{21}}{\Delta s_2}$ 在下降,在惩罚力度已经比较大的时候,提高一点观测值就可以获得较大的效果。因此,在惩罚力度无法增加的情况下,提高发现违法行为的概率可以在很大程度上减少食品安全方面的违法犯罪的发生。

4.3.3 最小惩罚力度

对式(4-2)进行变形,有:

$$s_2 > \frac{(r_2 - r_1) + (c_1 - c_2)}{p_{21}} - r_2 \qquad (4-3)$$

如果考虑惩罚力度 s_2,则必须使其满足式(4-3),食品安全行为监管的制度才是有效的。式(4-3)表明了在制度管理中,惩罚力度太低就会没有震慑力,违法分子会认为采取违法行为的收益可以弥补被监察出来遭受的损失,那么制度在这样的情况下形同虚设。观测度的增大会使式子右边减小,惩罚力度可以适当降低,既可以保证制度的效果也可以降低监管的成本。

式(4-3)可变形为 $s_2 > \dfrac{(1-p_{21})r_2 + (c_1 - c_2)}{p_{21}}$。可以看出,当不良收益 r_2 增大时,惩罚力度 s_2 应该相应增加,这就说明若是企业采取违法行为的收益过高,惩罚的力度则必须加大。例如食用油是餐饮行业在加工时常常使用并且消耗量比较大的原材料之一,优质食用油的成本往往比较高,因而滋生了"地沟油"的市场。餐饮经营者使用"地沟油"可以大大降低成本,获得较大的收益,在面对这样的违法行为时,政府应该明确表示一旦发现餐饮企业使用"地沟油"就采取其吊销营业执照或者处以巨额罚款等惩罚力度大的政策。

4.3.4 最大违法行为的收入 r_2 和最小守法经营的收入 r_1

改变式(4-1),得:

$$r_2 < \frac{r_1 - c_1 + p_{21}s_2 + c_2}{1 - p_{21}} \tag{4-4}$$

同时可得:

$$r_1 > c_1 - c_2 + r_2 - p_{21}(s_2 + r_2) \tag{4-5}$$

由式(4-4)可以看出,为了使餐饮业的经营者放弃违法行为,监管制度的设计要使得他的违法行为的收益小于 $\dfrac{r_1 - c_1 + p_{21}s_2 + c_2}{1 - p_{21}}$ 的值。同时,守法经营的收益要大于 $c_1 - c_2 + r_2 - p_{21}(s_2 + r_2)$ 的值。

这说明,有效监管制度应当起到控制合法经营和违法行为收益的作用。对于餐饮行业的有些环节,监管部门是可以增加或者减少成本和收益的。比如有些餐饮企业为了使加工后的食品看起来鲜艳或者尝起来更加美味,会在加工过程中加入有害添加剂,如果政府部门严格控制这种添加剂的源头,企业违法行为的成本会增加额外成本 c_0,其总成本就会提高,表示为 $c_1 < c_2 + c_0$,即 $r_1 - c_1 > r_2 - c_2 - c_0$。在这种情况下,即使没有其他部门的监管,企业也会主动放弃不良的行为。

4.4 建议和对策

在如何增强餐饮行业食品安全制度的有效性方面,根据上述制度分析与设计结果,提出以下建议对策。

4.4.1 提高监察力度

农业、工商、环保、质检、卫生等部门均有监管食品安全的职能,其分工和责任不明确,常导致出现交叉监管模糊地带和管理空档,一旦发生食品安全事件,各部门又互相推诿。因此,要优化行政部门设置和职能分工,明确监管部门的责任,采取统一管理、分级调配的方式,在同样的制度标准下,分区域、分部门、分行业管理,避免交叉和重复,提高检查的力度。应加大对监管部门的预算投入,增加日常监管执法人员数量,适度增加基层执法机构,建设基础监测设备,引进先进的快速检验技术等。增设第三方监察机构,并充分发挥大众传媒的舆论效应。在信息化时代,新闻媒介不仅可以向餐饮企业准确传递政府部门的审查意见和决策,积极引导餐饮行业人员的从业道德思想,还可以传达民众的信息和意见,利用官方媒体公信力和权威性的特点为民众说话。

4.4.2 加大惩罚力度

首先,要完善餐饮行业食品安全法的刑罚制度,保证"有法可依";执行违法追究责任制度,保证"违法必究";根据违法行为对人民群众带来危害程度实施惩罚,保证"执法必严"。其次,综合利用补偿性赔偿制度和惩罚性赔偿制度。当出现食品安全问题时,商家一方面要承担消费者所遭受的经济损失,另一方面要面对政府对其违法行为所造成的恶劣社会影响的罚款。加大惩罚力度应该推行责任连带办法,食品安全问题一旦出现,消费者有权利对销售商家、广告商、食品监管部门、行业协会等提出补偿要求。

4.4.3 对劣质食物原材料进行严格的源头控制

完善食品安全使用标准,明确的标准能为监管部门提供清晰的目标,为消费者维护合法权益提供有力依据,避免餐饮业经营者借法律的漏洞行违法之事。规范蔬菜、肉类、食品添加剂、食品包装袋等使用标准,及时销毁或者处理已经不能流入市场的食物原料。比如对家禽养殖场进行严格监管,一旦出现由疫病等非正常死亡的家禽,销毁的数量和过程要派专门的机构审查。食品安全问题涉及全社会每个人的利益,只有企业、政府、相关团体协会、媒体、人民群众共同努力,才可以全面打击食品安全的违法行为,建立全民健康安全的饮食环境。

第 5 章

管理制度的环境接口设计

5.1 管理制度环境接口的重要意义

管理制度在人类社会的发展中具有非常重要的意义。各行业的管理制度不仅能够通过影响生产要素配置效率来促进经济增长,即所谓的经济增长的"制度贡献"(李富强 等,2008),甚至连大众出行等这些看似纯粹的个体行为,在实际上也受到制度的影响(黄海军 等,2005)。

然而,在实践中管理制度的问题十分突出,引起了学界的强烈关注,研究制度设计的论文激增。通过期刊数据库检索,发现近五年中,专门研究各种制度问题的中外论著就达到一百七十万多篇。其中尽管有许多优质的研究,但仍然存在以下两个方面的问题:

一是科学性差,即没有通用的制度设计工具和技术,大部分研究主要依靠个人经验和思考,从而导致研究不深,常常顾此失彼。学界没有一个用简洁符号表示的制度整体结构图,仅凭直觉和经验导致难以观察制度的多种因素和复杂结构;没有科学的统计与计算,难以对各种制度结构的效果和成本进行准确比较和取舍。对于同样的制度问题,人们提出的治理方案常常五花八门,这主要是因为人们的建议来自因人而异的个人经验。

二是片面地把研究集中到制度的内部结构上,忽视了对制度与环境(尤其是政策环境与文化环境)的交互接口的设计。在许多行业,许多内部结构设计得非常好的制度,在现实中却常常出现"水土不服"现象,很难发挥作用,这其实就是其"环境接口"不良所导致的。实际上,制度设计有两个任务,一是制度的内部结构设计,二是制度与外部环境(尤其是政策环境与文化环境)的接口设计。在真实的制度设计任务中,这两方面必须同时完成,这样所设计的制度才是可行的。

比如,一些地区在引进干部选举制度时,常常出现"拉票贿选"现象,这就是由于在设计选举制度时只关注"选举制度的内部结构"而缺少针对"腐

管理制度设计

败文化"的环境接口设计的结果。实际上,在这种环境下,全面的"干部选举制度设计"应当包括"选举制度的内部结构设计"和"防止贿选的制度设计"(即选举制度在该文化环境下的支撑接口设计)两部分,这样才能使干部选举制度真正有效。

再比如,常常有媒体报道,在我国实行"残疾人救助制度"后,许多有工作单位的健康人,花钱办理"残疾证","吃国家空饷",导致我国的社保基金流失,这实际上与"残疾人救助制度"中缺少"残疾证严格复核制度"这个针对"作弊文化"的环境接口有关。

从目前的情况来看,有关制度与环境的接口设计的理论与方法方面的研究较少。文献检索结果证明,目前国内外大量的制度设计研究,基本上都是关于制度结构设计方面的,而关于制度的接口设计的理论与方法方面的研究,则非常少见。

制度的接口设计方面研究的空缺,导致目前尚无科学的方法来对制度与外部政策环境的接口进行设计,使各类政策在通过相关制度进行落实和执行方面存在大量的"不力""不准"的问题。众所周知,管理制度是落实各类政策的工具,管理制度设计不到位,各类政策的效果就会大受影响。

这个问题的严重性已经被人们意识到。比如,一些学者指出,管理制度设计的不完善可能会导致政策的"象征性执行"现象,即一些执行部门采取做表面文章、走过场、制作虚伪文本材料等仪式化的策略(田先红 等,2016),也会导致政策执行中发生偏离。

5.2 管理制度环境接口设计需要解决的主要问题

从目前情况来看,研究管理制度的热情很高,文章数量相当多,但许多研究都是从经验和定性分析出发,针对一些具体领域提出一些治理的建议。不过,也有一些是相对科学化的理论性较强的制度研究,尤其是对激励机制和报酬制度的研究,比如交易激励(张娥 等,2007)、员工激励(邓玉林 等,2007)、经理人激励(杨德明,2007)、供应链中的激励(徐庆 等,2007)。还有一些具体领域或问题的制度的作用研究,比如食品安全监管制度(谢康 等,2016)、犯罪记录制度(于志刚,2019)、智慧社会建设中的制度问题(马长山,2019)、网络审查制度(Meng,2019)、人力资本积累的制度原因(冯晨 等,2019)、地方公共债务增长的制度原因(毛捷 等,2019)、纳税信用管理制度对企业绩效的影响(李林木 等,2020)、土地流转与"三权分置"制度对农民的影响(朱冬亮,2020)、退休年龄制度对代际的影响(封进 等,2020)、显性存款保险制度对银行风险的影响(项后军 等,2020),等等。

上述研究对于管理制度设计无疑具有重要的积极意义。但是,需要研究的问题仍然很多,而且开发通用的制度设计工具的研究非常少;关于制度的内部结构的研究比较多,而关于制度与外部环境接口的研究非常少。在这种情况下,一些引进的管理制度在运行过程中出现"水土不服"现象就不奇怪了。更有甚者,由于制度与相应的政策没有很好地衔接,一些重要的政策无法准确有力地执行。

实际上,为了提高制度设计的科学性与其在管理实践中的可应用性,从当前的情况来看,制度设计仍然需要重点解决如下问题。

一是制度接口设计的符号化和图形结构化(Sun,2016),这样可以使制度接口的分析与设计过程简洁方便,便于掌握制度的整体结构,也较实用可操作。

二是在制度接口设计中需要考虑更多的控制因素。目前,国内外的制度设计的控制因素主要是以回报(或称为激励与约束,即精神或物质的奖励与惩罚)来实现制度效果。但实际上,在制度设计中的控制因素应当至少有三种:控制项目、控制资源、控制报酬,只有这样,控制因素才能更加全方位,才能保证制度设计的效果。

三是需要在制度接口设计中把被管理者的理性与非理性结合起来考虑,即先进行理性行为分析,然后结合非理性因素进行修正,两种因素结合在一起形成制度下的被管理者的行为概率模型，由此才能够使制度设计更加符合实际情况，更加实用。

四是应当大力开发制度设计的计算机辅助系统软件，从而提高设计效率，显然这是制度设计的工程化的另一个重要特点。

五是制度接口设计不仅仅要制定和约束管理对象的行为规则，还要充分利用科技设备的作用。在制度结构中起重要作用的"观测器"，传统上是利用"人力"进行观测的。但是随着科学技术的进步，大量的机器类观测器投入使用。比如，交通管理制度中大量使用摄像头对被管理对象的"交通行为"进行观测，使交通管理制度的执行效果大为提高。

5.3 管理制度接口设计的步骤

制度的环境接口是指目标制度与其环境之间的耦合关系。制度内部结构与外部环境，对制度接口传递内容的要求不同，制度接口必须具有转换功能与协调功能，使相关内容在接口二端产生适应性。而不同的制度或者相同的制度所面临的环境不同，其制度接口的信息传递、执行力传递的渠道及方式可能均不相同，必须分别加以设计。

在制度接口设计过程中，首先需要建立用于制度接口设计的符号系统。在这方面，制度工程学中已经开发了一套较为简洁实用的符号系统和制图规则，可以直接使用。制度接口设计一般包括如下步骤。

5.3.1 建立分析和计算制度接口性能的计算模型

制度接口的性能，包括耦合的协调性、信息传递的保真度和衰减度、执行力传递的力度和偏差度等方面。制度接口性能的计算模型反映了这个性能与制度接口内部的结构与要素之间的数量关系。根据这个模型，可以较为准确地判断影响制度接口性能的因素，有针对性地对其进行改善。例如，设制度环境对制度的支持水平为 c，则信息保真度 p 与制度执行力度 r 的关系，只有在满足模型(5-1)所规定的条件时，制度接口才是有效的。

$$p > \frac{c}{r} \qquad (5-1)$$

5.3.2　识别制度结构中与环境具有交互作用的模块

对制度结构中与环境具有交互作用的部件或模块进行评估与识别，根据评估结果确定接口的类型。在这个环节，一般要对原有的制度内部结构进行分析，考察哪些部分与环境有交互作用，并分析这种交互关系的类型，以此来判断该部分所需要的制度接口的种类。

制度接口与环境的关系，主要分为"制度—制度接口"和"制度—文化接口"两大类型。其中，"制度—文化接口"是制度与当地的文化之间的耦合关系，"制度—制度接口"是制度与相应的辅助制度之间的耦合关系。

从制度接口在制度结构中的地位来看，分为输入接口与输出接口及支撑条件接口。输入接口，主要用于向制度结构内部传递政策与管理任务等；输出接口，把制度功能传递到其他制度模块或者传递给执行者；支撑条件接口，主要用于协调制度内部结构与外部支撑条件，起到保证制度效果的作用，比如必要的人员素质和技术设备及文化环境等。在现实中，人们常常发现，一些制度本身的结构是非常完善的，但其效果总是不佳，其实就是制度所涉及的人员素质不良或者技术设备不足或者文化环境不良等导致的。

5.3.3　确定变量及测量和采集方法

针对具体类型的制度接口，确定其承载的变量，对变量的测量和采集方法进行设计。确定变量环节需要特别慎重，通常需要广泛听取意见，模拟或小范围试行，经过多次反复修改才能完成。确定变量时需要注意三个问题。

一是要力图避免具有"偏差导向"的变量。所谓的"偏差导向"变量,指在管理制度中会使管理对象的行为发生偏离管理目标的变量。在现实中通常存在大量的具有"偏差导向"的变量,如果的确无"好的变量"可用而不得不使用这种"偏差变量",则最好同时采用一些辅助变量来修正偏差。比如,在科研人员的激励制度中,如果使用"发表的论文数量"数据,则容易使科研人员片面追求论文数量,导致出现大量的"短平快"式的论文,反而会抑制了一些需要长期研究的具有重大意义的科研工作。因此,最好把"论文的刊物水平"作为辅助变量同时使用,这样能够对"论文数量"的偏差导向进行纠正。

二是要避免使用难以量化的"模糊变量"。比如,在科研管理制度设计中,科研人员发表论文的"科研水平"就是一个模糊变量,非常难以直接测量。因此,如果必须是短周期考核,只能把论文所发表的刊物的水平作为论文"科研水平"的替代变量。当然,最理想的办法是对科研人员进行长周期考核,这样论文的水平已经被定论,变量的信度较高。

三是要避免使用被利益相关者操纵的变量。有一些变量指标很容易造假或被人为操纵,这样的变量会严重地破坏制度的有效性。比如,一些高校使用"申请的专利数量"作为考核科研业绩的指标,导致出现大量的"无用专利",既浪费了资源,也没有真正起到提高科学研究水平的作用。

在信息采集环节,要特别注意提高信息的保真性,防止噪声的干扰,避免发生影响制度效果的畸变。因此,在这个环节,通常需要分析对制度接口的保真性产生干扰的原因与因素,设计噪声的过滤方法与环节。

在这方面,需要注意一些变量可能会有某种偏差倾向。比如,对于一些会让信息采集者受益的变量,往往会有偏高的倾向,比如各个地方上报的GDP数据往往比实际数据偏大。反之,对于一些不利于信息采集者的变量,往往有偏低的倾向,比如食品安全事件数量、环境污染情况。为了解决这类问题,有时需要对信息采集者进行变更,比如使用各种"自然生成"的数据;或者采用"双渠道法",即由两个不同的信息采集主体同时提供数据,形成一种"自然核对"的机制;或者采用"校验法",在制度中设计专门的信息检验环节并配备相应的机构与设备;等等。

5.3.4 执行力设计

对变量与执行部件之间的关联机理等进行设计,必须首先设计接口的制度结构,计算各有关行为方的行为效用,并且给出影响这些行为效用的参数,以便有针对性地进行参数设计。

在这个环节,一个重要任务是确定接口的信息传递与执行力的传递方法与途径,制定相应的传递规则与执行者。这种执行者可以是人,也可以是机器设备。在这个过程中,一个需要重视的问题是执行力传递的敏感度与准确度。如果执行力传递不力,就会发生接口瘫痪的现象;但如果其过于敏感,就会影响传递的准确度,造成传递偏差。

在执行力传递的机理设计中,要尽可能地减少传递的环节,这对减少传递偏差和减少传递力度衰减具有重要的意义,这在管理学理论中被称为"减少管理层次"或者"组织的扁平化"。在这方面,信息技术提供了有利的条件,特别是计算机系统的采用,对于减少传递环节起着重要的作用。

在执行力设计环节,一个需要注意的问题是对相关执行功能的划分应该具有合理性,既不能留有空白,也不能重复交叉,不然就会造成"三不管"问题,导致管理制度失效。比如,我国曾经发生的重大食品安全事件"三聚氰胺奶粉事件",经调查发现"三聚氰胺"是在"收奶"环节中被不法分子加入的。当时我国对奶制品的监管职能划分规定由农业部门负责对"生产环节"的监管,而食监部门负责对"加工环节"进行监管。但是,"收奶"过程到底属于生产环节还是加工环节,规定并不明确,显然这是"制度—制度接口"的设计中出现了"空白点问题",才导致了如此重大的食品安全事故。

5.3.5 对所设计的制度接口的效果进行评估

在完成制度接口的结构与参数的设计之后,需要判断所设计的制度的效果,以便决定是否应当使用该制度。由于所设计的接口制度为尚没有使用的制度,无法像正在使用的采购管理制度那样通过调查来估计其效果,因此必须通过对接口制度的结构和参数的计算得出其效果。

在这个环节,一般要根据有关管理对象的行为效用表,构造其临界心理成本的数学模型,这时需要对管理对象的风险态度,即到底是风险中性还是风险厌恶或风险喜好,进行调查和判断。根据其数学模型及风险态度来计算其临界心理成本。同时,还要采用交换效用法,编制管理对象的心理成本分布表,根据心理成本分布表,来确定所设计的制度接口的效果。如果效果不佳,则还需要进一步修改其设计方案。

最后必须指出的是,制度的接口设计是一项实践性很强的任务,需要针对具体的设计任务进行研究与分析。不同的环境或不同的原制度结构,其制度接口的设计过程与方案往往有较大的差别。因此,在进行实际的制度接口设计时,切不可机械地照搬上述步骤与方法,而是要根据具体情况进行灵活变通,方能够收到好的效果。

目前,制度接口设计在实践中已经有了一些应用,读者可以参考这些案例(孙娜 等,2020)。

5.4 制度—制度接口设计的一个简化案例

由于具体的制度接口设计比较复杂,限于篇幅,这里只引用一个制度接口设计中的一个简化过的案例——针对某个企业的采购管理制度的制度—制度接口的结构与参数设计及数学模型部分(孙绍荣 等,2018),制度接口设计中的类型评估、变量的设计与采集等环节皆省略,读者如有兴趣可进一步阅读其来源文献(孙绍荣 等,2018)。

5.4.1 建立当前制度结构图和所需接口分析

根据调研,某企业采购管理制度结构图为图 5-1 所示。现对其进行制度接口分析。

经过调研发现,在图 5-1 所示制度结构图中,T_6 环节(供货企业向采购企业送样及采购企业检测样品)存在制度—制度接口问题。这是因为在调查中发现,在没有相应的针对行贿受贿行为的惩罚制度配合的情况下,该环节存在着较为严重的由供货方对采购方的操作人员行贿的风险,易导致该操作人员有意放不合格采购品过关问题(通常手段有改变抽样频率、不按规程抽样、故意使检测仪器失效等,从而使送检的样品非正常地通过检测),从而导致该采购管理制度效果不佳。经暗访调查,在没有配备相应的制度—制度接口情况下,约有 40% 的检测人员会接受贿赂,配合供货方行贿者让不符合标准的备件通过检测,导致该企业的产品质量受到很大影响。故在 T_6 部位,必须设计相应的惩罚制度作为该采购管理制度的制度—制度接口,以保证该采购管理制度有效。

根据上述分析,可编制制度接口问题分析表,见表 5-1。

表 5-1 采购管理制度中的 T_6 环节的制度接口问题分析表

问题编号	问题描述	问题主体	发生问题的原因或条件(效用、资源、机会)
$T_6 I_1$	行贿与作弊	供货方 $T_6 R_1$	无制度接口控制,导致行贿有巨额利润
$T_6 I_2$	受贿与渎职	采购方检测人员 $T_6 R_2$	无制度接口控制,导致检测人员配合作弊风险小

5.4.2 制度—制度接口的结构与参数设计

应设计有奖举报制度作为采购管理制度的制度—制度接口,以治理在采购环节的行贿受贿问题。经过分析(过程略),初步确定该制度的结构如图 5-2 所示,该制度的效用表如表 5-2 所示,其制度参数表如表 5-3 所示。

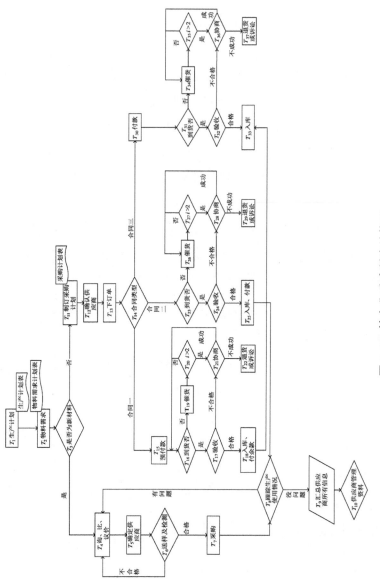

图 5-1 某企业采购制度结构图

第 5 章 管理制度的环境接口设计

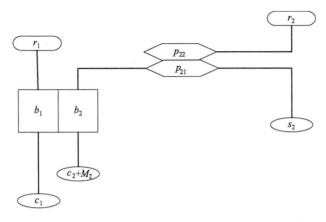

图 5-2 采购管理制度中的 T_6R_2 单元的有奖举报制度接口的结构图

表 5-2 有奖举报制度的行为效用表

行为代码	行为内容	心理成本	行为成本	观测器	观测概率	回报	效用(设个体为风险中性)
$T_6R_2b_1$	履行职责		c_1			工资, r_1	$u_1 = r_1 - c_1$
$T_6R_2b_2$	受贿与渎职	M_2	c_2	p_2	没被发现, p_{22}	工资 + 受贿收入, r_2	$u_2 = p_{22} \times r_2 + p_{21} \times s_2 - c_2 - M_2$
					被发现, p_{21}	开除, 没收违法所得, 受贿罪, s_2	

表 5-3 有奖举报制度表参数表

治理行为的代码	部件代码	部件说明	参数值
$T_6R_2b_2$	r_1	促进器(回报型): 工资	12
	c_1	履行职责无经济成本, 为 0	0
	r_2	促进器(回报型): 工资 + 受贿收入	32
	s_2	抑制器(回报型): 开除, 没收违法所得, 受贿罪	−40
	M_2	心理成本: 受贿与渎职引起的心理不安	见心理成本分布表
	c_2	经济成本: 受贿与渎职行为无经济成本, 为 0	0
	p_2	有奖励举报(奖励 10 000 元/次) + 核查重检制度(12 次/年), 其观测概率的数据来源与算法见此表后的说明	$p_{21} = 0.175\ 5$; $p_{22} = 0.824\ 5$

083

表 5-3 中的数据主要由对企业情况的调查所得。其中,观测器"有奖励举报+核查重检制度"的观测概率数据获取方法为:

首先,求"有奖励举报"措施下的对"受贿与渎职"的举报概率 p_w,此数据可以通过问卷调查得到 $p_w=0.15$。

其次,求"核查重检"措施对"受贿与渎职"的发现概率 p_{ch}。本例中,每年核查 12 次,按采购进货的"批次"抽查,抽查率约 3%,也就是说采购品中如果存在成批的劣质品,就会有 3% 的概率会被发现。因此,$p_{ch}=0.03$。

最后,计算观测概率 p_{21},根据事件并集(如果发生"受贿与渎职"行为,可能被举报,也可能会在核查中发现)的概率公式,有:

$$p_{21}=p_w+p_{ch}-p_w \times p_{ch}=0.15+0.03-0.15 \times 0.03=0.1755$$

5.4.3 设计方案的效果计算

在完成制度接口的结构与参数的设计之后,需要判断所设计的制度的效果。

首先,建立计算临界心理成本 M_2^* 的数学模型(设管理对象为风险中性的)。由行为效用表(表 5-2)可知,被管理者选择 b_1 这个行为(即履行职责)的效用为:

$$u_1=r_1-c_1$$

被管理者选择 b_2 这个不良行为(即受贿与渎职)的效用为:

$$u_2=p_{22} \times r_2+p_{21} \times s_2-c_2-M_2$$

如果制度对某被管理者有效,即对他来说 $u_1>u_2$,从而他会选择 b_1 这个正常行为(即履行职责),则有:

$$r_1-c_1>p_{22} \times r_2+p_{21} \times s_2-c_2-M_2$$

解得:

$$M_2>p_{22} \times r_2-r_1+p_{21} \times s_2+c_1-c_2 \qquad (5-2)$$

把表 5-3 中的数据代入公式(5-2)中,得出:

$$M_2 > p_{22} \times r_2 - r_1 + p_{21} \times s_2 + c_1 - c_2$$
$$= 0.8245 \times 32 - 12 + 0.1755 \times (-40) + 0 - 0 = 7.364$$

即:$M_2^* = 7.364$ 万元

由此,不良行为 b_2(受贿与渎职)的行为心理成本临界值为 $M_2^* = 7.364$ 万元。可见,如果使用有奖举报制度作为制度接口与原来的采购管理制度相配合,则只有那些心理成本 M_2^* 小于 7.364 万元的检测人员才会选择行为 b_2,即接受贿赂,配合供货方让不符合标准的备件通过检测。

接下来需要编制管理对象的心理成本 M_2 的分布表,这主要是通过采用交换效用法调查。具体方法略,可参考相关文献(孙绍荣 等,2018),确定受贿与渎职行为 b_2 的心理成本分布表为表 5-4。

表 5-4 受贿与渎职行为 b_2 的心理成本 M_2 分布表

心理成本区间(最大数为本行数,最小数为大于上行数的开区间)(单位为万元人民币)	人数(人)	百分比(%)	累积百分比(%)
0~2	2	6	6
4	3	8	14
8	2	6	19
12	5	14	33
16	6	17	50
20	3	8	58
24	3	8	67
28	5	14	81
32	2	6	86
36	3	8	94
大于 36	2	6	100

根据计算出的临界心理成本 $M_2^* = 7.364$ 万元,到表 5-4 中查找其累积百分比的对应位置。由于表中没有 $M_2^* = 7.364$ 万元的对应位置(只有

低于该值的"4"与高于该值的"8"的位置),因此用线性插值法求近似值,算法为:

$$14 + \frac{19-14}{8-4} \times (7.364-4) = 18.205$$

因此,在使用有奖举报制度来配合原采购管理制度后,采购人员参与受贿与渎职的比例从原来的 40% 下降到 18.205%,效果还是不错的。

5.5 主要结论及管理制度接口设计的趋势展望

5.5.1 主要结论

根据上述分析可以看出,管理制度的制度接口设计在本质上是一种管理制度设计中的"配套",是管理制度设计的"体系化",也是目标制度与其所在环境的一种"缓冲"。在管理制度接口设计的辅助下,目标制度的效果才能得以保证。只有在进行管理制度设计的同时重视和进行制度接口设计,所形成的管理制度方案才是完善的和可行的。毫无疑问,无论是对于管理理论的研究还是管理实践,制度接口设计都是需要重视的任务。随着研究的深入和相关理论知识的普及,相信制度接口设计在提高各行各业的制度设计水平,发挥其社会经济效益方面都会作出较大的贡献。

同时,必须注意的是,制度接口设计也不是万能的和无限的,在各种具体的条件下,制度接口都有其承载极限,当环境(包括制度环境与文化环境等)超出制度要求过多时,制度接口就会无法发挥相应的转换与承接功能。这时,制度的低效率问题就不能再依赖制度接口设计来解决,只能从改变环境本身来入手。当然,这样的做法会比进行制度接口设计困难得多,并非一朝一夕所能实现的。

此外,进行制度接口设计时还要注意其成本。只有当其效益大于其成本时,制度接口设计才是有意义的。因此,在制度接口设计之前,对其成本和效益进行评估,对制度接口的承载能力进行评估,都是前期非常重要的基础性工作。

5.5.2 趋势展望

从当前的情况来看,管理制度接口设计有向工程化方向发展的趋势。科学技术的发展,使越来越多的设备的使用场景从传统的工程领域向管理领域延伸,比如计算机视觉的大量使用目前已经使交通管理、社会安全管理、费用管理、员工管理等工作的效率大幅度提高。

这些设备在管理制度中的使用,不仅仅提高了管理效率和效果,也会改变人们对管理制度的传统认识,还会使管理制度设计从人文科学走向工程科学,使管理制度设计从以往的文字条文或规章,逐步向图纸化转变,比如在制度设计中大量采用数学模型对制度参数进行优化,进行效果比较,进行成本和效益分析。

这种观点和认识的变化,也会带来管理制度接口设计工具的变化,使管理制度接口设计从当前的以依靠个人经验、直觉为主,发展到借助计算机程序和工具软件,从而能够对更复杂的管理制度进行更科学的设计。管理学已经不再是单纯的人文社会科学的性质,而是综合性的甚至主要是以工程科学为特征的新的管理科学。届时的管理学,必然会在各类社会活动和经济活动中发挥出更大的效益。

第 6 章

环境接口设计的案例
—— 农村"两委"选举制度

6.1 农村"两委"选举制度

农村的基层政权及相应的民主制度建设历来是"三农"问题中的重要内容,受到政府的高度重视。同时该问题也是一个重要的学术研究热点(李文钊 等,2011;蔡昉,2008)。

2018年1月,党中央、国务院决定在全国开展扫黑除恶专项斗争。其中,农村是扫黑除恶专项斗争的重点区域,重点查处采取贿赂、暴力、欺骗、威胁等手段干扰破坏农村"两委"基层换届选举的黑恶势力。

农村"两委",即村支部委员会和村民自治委员会,前者简称村支部,后者简称村委会。"两委"选举制度,是体现中国社会基层民主的重要形式,是当前农村基层民主政治建设的重要内容。

我国的村"两委"选举制度,在总体上为基层民主和农村发展发挥了积极作用。但也不能不看到,某些地区还存在一些问题(任园园,2013)。"两委"本身虽然并不是政府,却是承担某些政府职能的村一级政权,与村民关系密切,其重要性不言而喻。因此,即使在选举过程中只出现过某些局部的和微小的问题,也必须从管理制度设计的高度认真加以研究和解决。在某些问题较严重的地区的"两委"选举过程中,最常见问题主要是"贿选"(王筠,2016)。

有学者发现,制度设计与测量工具的缺乏(宋渊洋 等,2015),导致设计方案的科学性差,特别是制度设计方案笼统而模糊,执行过程中缺少有效制约,这是导致制度在执行中发生偏差的主要原因。

近年来飞速发展的新学科——制度工程学(Sun,2016;孙绍荣 等,2010),在许多领域的制度设计中都取得了良好的成效。从制度工程学的角度来分析当前的农村"两委"选举制度,可清晰地看出其制度接口是需要重视和加强建设的重要方面。

6.2 农村"两委"选举的制度接口问题

制度是由所制定的行为规则及相应的奖惩规则和执行机构所组成的行为管理系统,在社会管理中具有重要意义,因此制度一直是中外学者关注的重要内容(董志强,2008;聂辉华,2008)。制度促进经济增长,一些学者将之称为经济增长的"制度贡献"(李富强 等,2008)。此外,制度还在伸张社会正义、维护社会稳定甚至社会变迁中发挥着重要作用(丁利,2016)。

制度本身也是社会系统中的一个子系统。因此,制度能否发挥其作用,除了与制度本身的完善与科学与否有关,还与制度所在的环境有关。这种与制度相互作用和影响的环境,本书定义为制度接口。也就是说,只有在制度接口与制度本身配合良好的情况下,制度才会发挥其良好的社会功能。

但是在以往对制度的研究中,人们通常把注意力全部放到制度本身上,对制度接口的设计则往往受到忽视。在这种情况下,一些在其他地方看似有效的制度,引入到某地区后,往往难以发挥其正常功能与作用。比如,在我国广大农村地区,村支部与村委会的"两委"选举制度,如果其功能能够正常发挥,则就能够很好地体现中国社会的基层民主,体现我国社会治理的重要进展。因此,许多学者都对农村"两委"选举制度进行了大量的研究,从各方面完善该制度。但在一些地区,农村"两委"选举制度在实际操作中经常出现一些问题,这其实是因为其环境接口与该制度本身的配合方面还存在一定的问题。

根据制度工程学理论,有两类制度接口最为重要,一是目标制度与所实施的地区的文化之间的耦合关系,即"制度—文化接口",另一种是目标制度与相应的辅助制度之间的耦合关系,即"制度—制度接口"。目前,我国的农村"两委"选举制度,其"制度—文化接口"与"制度—制度接口"都存在需要大力完善的方面。

其中，农村由于人口流动性小，许多家庭都是几代人在当地一直生活至今，因此人与人之间的关系远比城市中的人际关系密切，"人情来往"也更加频繁。在这种情况下，各地的农村往往会自发地形成长期稳定的"本地文化"，这种本地文化通常非常难以改变，这就给"两委"选举制度的文化接口的建设带来困难。

此外，在农村地区，人们办事往往更多地考虑如何遵守"行为习惯"，而"行为习惯"则更多地与本地文化有关而不是与"管理制度"有关。因此，为农村"两委"选举制度建设良好的制度接口，使该选举制度发挥良好的作用，其实也是一项非常重要的任务。

6.3　农村"两委"选举"制度—制度接口"分析

"制度—制度接口"是相关制度之间的配合以使目标制度发挥作用的重要保证。在农村"两委"的选举制度中的"制度—制度接口"方面，主要有如下两个方面需要大力完善。

6.3.1　需要强化一些地区的村干部权力监督制度以消除权力寻租空间

在一些"两委"选举问题比较严重的地区，不法分子为了当选"两委"干部，贿赂、暴力、欺骗、威胁等各类手段无所不用其极。仅仅就"拉票贿选"这种相对"文明"的手段，就有赠送现金和各类卡券、提供吃请旅游、以帮扶名义向选举人变相赠送财物、代缴保险等各类费用、交纳如当选就送给选举人的保证金、"买退"其他竞选人、许诺当选后赞助或者违规分发集体资产、出钱让外出人员回乡为其投票等十几种。那么，让这些人如此大动干戈、千方百计谋求当选的动机是什么？答案是当选后方便捞取大量的非法利益。从当前查处的一些案件来看,不法分子捞取"油水"的手段名目繁多:一是在村民找其办事时"吃拿卡要";二是挪用、私分公款,主要手法是贪污土地承包费、隐瞒人口差额款、占地赔偿款,低价私自出租、转让、发包集体所有耕地、林地、荒地等;三是圈地卖地,主要是侵占矿产资源、修路占地,以及在平改、旧城改造、城乡结合部改造或新农村建设中,圈地占地,出卖村居集体土地;四是私办企业,比如某些村干部兼任村集体经济组织法人或实际控制人,借机侵吞村集体资产,造成村集体财产流失;五是"截留冒领",某些村干部利用权力私下造表,冒领国家惠农补贴和扶贫款,比如虚报享受生产资料补贴对象户数、良种补贴面积、休牧草牧场面积、综合补贴面积、粮食直补面积、退耕还林面积等。

这些非法利益只要存在,就会成为选举作弊的动机,就总有人用尽各种手段谋求当选。在这样的情况下,就不能只是关注选举制度本身,还需要设计良好的监督制度,才能保证"两委"选举制度的顺利实施。

从制度工程学的角度来看,村干部行使权力的监督制度就是"两委"选举制度的一个重要的"制度—制度接口"。只有当这个接口良好,"村干部行使权力的监督制度"有效,准确灭除权力寻租空间,才会消除不法分子的选举作弊动机,从而对"两委"选举制度形成有力支撑,农村"两委选举"才有可能正常地开展。

6.3.2 作弊惩戒制度需要进一步强化以改变对作弊行为的受益预期

我国的"两委"选举制度在实行过程中,实际上一直存在着作弊惩戒制度缺位的问题。虽然我国刑法中具有一项"破坏选举罪",但仅仅适用于各级政府干部的选举,村级民主选举不在其范围内。这样,其直接后果是无法对村"两委"选举作弊者追究刑事责任(杨锴铮,2014)。这样,村"两委"选举就缺少了"作弊惩戒制度"这个制度接口的"保驾护航",选举中的各类作弊行为就得不到有效震慑。

许多学者都提出过需要重视腐败治理制度的建设（肖滨 等，2015）。但当前迫切需要解决的问题是，如何具体操作才能有效地治理在某些地区的村"两委"选举中存在的腐败行为，即如何才能有效地加强"两委"选举制度的"制度—制度接口"建设。

6.4　农村"两委"选举"制度—制度接口"的建设对策

建立农村"两委"选举制度的"制度—制度接口"的实际举措，就是设法建立有效的村干部行为约束制度。具体来说，可以从如下几个方面入手。

6.4.1　农村管理政府化——压缩权力寻租空间

对村干部的权力范围与种类开展调查，适当削减那些可以不由村干部行使权力的事项，特别要防止出现村干部既当运动员又当裁判员的现象，把一些通用的公共服务权力上收到县政府或镇政府的职能部门中，即农村管理政府化。只对村干部保留一些必须由其行使的权力，最大限度地压缩其权力寻租空间。使村干部的性质从权力拥有者向为村民服务者转化。

比如，对于本地区的生产资料补贴、良种补贴、休牧草牧场补贴、综合补贴、粮食直补、退耕还林补贴等，可以一律实行由补贴对象主体（农民）向相关政府部门直接申报，然后由政府组织工作人员、村干部、当事人成立的联合复核小组进行现场复核，再由政府部门公示并接受举报和异议申诉的制度，彻底改变村民凡事必求村干部的局面。

6.4.2　加快信息化建设——为农村管理政府化打造坚实的技术基础

制度工程学理论的重要特点，是把技术设备的应用作为制度的执行手段之一，在制度设计中强调人与技术设备的相互配合。在现代科技飞速发展的今天,应当在农村大力推广管理工作信息化,建立有效的统计与记录信息系统,为农村管理政府化提供信息技术支撑。在支付与档案等系统日益科技化和电子化的时代,农村管理政府化完全具有现实的基础:收入与支出平台化,家庭基本情况电子档案化,各项惠农项目的申报和审批实现网络化,使各种暗箱操作的空间压缩到最小范围内。

比如,村民在土地承包、流转和宅基地的批准等方面,一律实行网上公示制度,同时设立网上举报入口,对于提供确切证据,有条件进行调查核实的,可以接受匿名举报,以保护举报人安全和打消举报人顾虑。对于人口差额款、占地赔偿款、出租、转让、发包集体所有耕地林地荒地的价格,本地区享受生产资料补贴对象户数、良种补贴面积、休牧草牧场面积、综合补贴面积、粮食直补面积、退耕还林面积等数据,一律实行网上公开和有奖举报制度,彻底堵住一些不法分子暗箱操作虚报冒领的机会。

6.4.3 在县与镇级政府建立高效率的申诉调节机构

村民申诉的合法渠道不畅、各类社会不公不能通过政府解决,是社会不稳定和助长黑恶势力的重要因素,也是导致某些地区出现选举作弊的重要原因。因此,农村"两委"选举制度的"制度—制度接口"的建设内容,还应当包括高效率的申诉调节机构的建设。主要做法包括大力扩充申诉调节机构的人员队伍与相关设备投入,建立严格的申诉调节操作规章与流程等。

6.4.4 完善选举作弊惩戒制度

目前,农村"两委"选举作弊问题不在我国的法院受理范围之内。因此,将农村"两委"选举中的不公问题,纳入司法救助范围之内,是从法律层面解决"两委"选举作弊问题的制度保障之一。同时,要对选举作弊惩戒制度进行可操作性设计,对贿选的方式与额度的界定要科学化和可操作化。

6.5 农村"两委"选举"制度—文化接口"分析

广义的文化包括人们的行为习惯与社会观念以及人类文明所产生的各类构造物。能够影响制度的效果的那部分文化,是人们对社会的认知及由此决定的行为方式。因此,本章所言的文化是一种狭义的文化。许多学者都曾提出,文化特别是价值观等对制度的效果具有重要的影响(周晓庄,2008)。

从制度工程学角度来看,"制度—文化接口"是制度与其管理对象群体对社会的认知之间的耦合关系。如果"制度—文化接口"良好,则文化就会对制度形成良好的支持作用,反之就会影响制度的实施效果。现实中,由于"制度—文化接口"不良,使农村"两委"选举在实施过程中产生了许多难以治理的问题。

6.5.1 村民尊重与珍惜自己的民主权利是"两委"选举制度顺利实行的重要文化前提

究竟什么类型的文化才能对选举制度形成有效支撑?最重要的是公众对民主权利的尊重与珍惜,意识到自己的一票代表的是自己意愿的庄严和神圣的表达权利。但在一些农村地区,不法分子实施贿选的成本极低,通常几百块钱甚至几斤鸡蛋就能改变村民的投票意向。不难看出,当前一些地区贿选盛行,与人们的民主权利意识淡薄有很大关系。

6.5.2 不良示范是造成"制度—文化接口"不良的重要原因

本章的文化,指人们对社会的认知及由此决定的行为方式。人们对社会的认知,是在对环境的观察中形成的。因此,其他人的示范作用,是影响人们对社会的认知的重要因素。

目前,影响"两委"选举制度的文化接口建设的不良行为示范主要是:一是某些作弊者成功当选;二是只要当选后就能大发其"当选财",一朝当选,万事皆易。这种情况如果发生,就会导致群众对抵制选举作弊无信心(张贵集,2016)。有学者调查发现,"很多选民一开始就有着'名为选举,实已内定'或'选谁不选谁都一样贪'的思想"(熊美荣,2015),导致这些村民对选举作弊缺少抵制信心与动机。这是某些"两委"选举作弊者得手的一个重要的文化原因。在这种不良文化环境下,某些农村地区的宗族势力、家庭黑恶势力抬头,这种情况一旦出现,反过来又会促使那些没有宗族势力和家庭势力薄弱的人员,也通过"拜把子""认干亲"等花样百出的方式形成势力(周四选,2010)。这是一种破坏"两委"选举制度效果的恶性循环,必须从制度接口设计的角度认真研究和解决。

6.6 农村"两委"选举"制度—文化接口"的建设对策

解决"两委"选举的"制度—文化接口"问题的最有效办法,主要是要有力、准确地打击选举作弊,彻底消灭不良示范,坚决改变"作弊发家,老实吃亏"的认知环境。为此,还是要从完善选举作弊惩戒制度入手,根据制度工程学的理论,要对作弊行为建立灵敏的观测器,同时对其要设置力度充分的抑制器,做到查处及时,打击准而狠。要让广大村民看到作弊的下场,看到那些不法分子滥用权力的悲惨的结局。只有把不良示范问题解决了,人们对守法和发挥民主权利才能形成良好的认知,有利的选举文化才会渐渐形成,从而成为保障农村基层民主的重要条件。

第 7 章

制度强度、漏洞治理和环境接口的综合性设计
——食品安全社会共治制度

7.1 制度综合性设计的意义和案例内容

本章拟提出对管理制度同时进行强度设计、漏洞治理设计和环境接口设计的综合性设计的方法。在管理实践中,针对实际问题的管理制度设计,往往需要综合应用制度的强度设计、漏洞治理设计和环境接口设计,很少有仅仅依靠单一的制度设计方法就能解决问题的情况。

作为本章的案例内容,食品安全是管理制度设计中的一个重要内容。食品安全,事关人民健康、社会稳定、国家形象、国际贸易。在中国,食品工业已成为第一大产业,其重要性不言而喻。为了坚持食品产品的高质量发展,充分保障人民的食品安全,维护中国食品产业的良好形象,党的十九大报告明确提出实施食品安全战略。这是我国首次将食品安全问题提到国家战略的高度,由此可见我国对食品安全问题之重视。同时,《中华人民共和国食品安全法》于2009年在第十一届全国人民代表大会常务委员会第七次会议通过后,又不断地加以修订:2015年第十二届全国人民代表大会常务委员会第十四次会议修订,2018年第十三届全国人民代表大会常务委员会第七次会议修订,2021年第十三届全国人民代表大会常务委员会第二十八次会议再次修订。修订后的《食品安全法》在处罚方面愈加严厉,提高了罚款额度,引入了行政拘留,并设立了行业终身禁入制。

显然,食品安全风险的治理,已经成为管理实践中的重要问题,也成为管理学研究中富有挑战性的重要课题。

食品安全风险,从根本来说,来自劳动分工导致的"委托代理制度下的行为问题",即"生产别人吃的食品"的行为中包含的道德风险问题。但从国家管理的角度来看,仅仅采用信息经济学的"委托代理模型"来研究这个问题是远远不够的,还必须从实用的制度设计角度来制定既科学又可行且有效的治理食品风险的制度。这是因为,研究这类问题的主要目的,是为国家防止食品安全风险提出可操作的方案和建议,使我国的食品安全风险防范在当前较好的水平上进一步提高。

可以发现,无论在哪个国家,食品安全风险问题的发生机理,用行为管理制度设计的语言表述,其本质都是一样的:食品生产人员由于可以不消费自己的产品,而且其效用来自以降低成本为表现的经济收益,因此缺乏保障食品安全的行为约束;消费者由于处于信息不对称的弱势端和食品生产的终端,而且受信息搜寻成本高昂的制约,通常无法有效地约束食品生产者的行为。在这种条件下,就产生了食品安全风险问题。

7.2 中国的食品安全风险管理体制改革

2003年以来,中国食品安全监管体制中的机构结构经历了四次大调整。第一次是2003年成立国家食品与药品监督管理局。第二次是2004年9月,提出"分段监管为主、品种监管为辅"的监管思路。第三次是2008年9月,国务院进行了机构改革:食品安全综合协调由卫生部牵头,农业部负责农产品生产环节的监管,国家质量监督检验检疫总局负责食品生产加工环节和进出口食品安全的监管,国家工商行政管理总局负责食品流通环节的监管,国家食品药品监督管理局负责餐饮业、食堂等消费环节食品安全监管,卫生部综合协调、组织查处食品安全重大事故。因此,2013年前中国的食品安全制度体系中的机构结构如图7-1所示。第四次是2013年开始的大规模机构改革,把原来分散在质监的食品生产领域的监管职能、工商的食品流通领域的监管职能、食品药品监督管理局的餐饮领域的监管职能和食品安全监管职能,进行合并重组,组建国家食品药品监督管理总局,其主要职能就是对生产、流通、消费环节的食品药品的安全性进行统一监督管理。保留国务院食品安全委员会,具体工作由食品药品监管总局承担。食品药品监管总局加挂国务院食品安全委员会办公室牌子。同时,不再保留食品药品监管局和单设的食品安全办。这样,我国食品安全监管体制调整为以食监和农业部门为主,实际上还有其他部门参与的"大部制"(图7-2)。

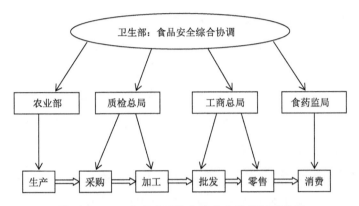

图7-1 2013年前中国的食品安全监管制度体系

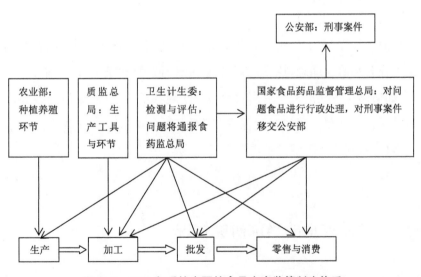

图7-2 2013年后的中国的食品安全监管制度体系

在这种新的监管体制下,中国的食品质量有了极大的提升,人民的食品安全得到了有力的保证。但是,从完善和进一步强化监管制度的高度来要求,一些问题仍然需要进一步研究和改进。比如,当前的监管制度仍然主要依靠政府来发挥监管职能,其他社会主体,如行业协会、公众等,缺少相应的监管动力,也缺少信息资源,难以形成"全方位监管"的有力格局。因此,加强监管资源,丰富监管手段,仍然是需要重点加强的方面。对于食品生产者来说,当前已经受到严格监管的,主要是一些大型的食品生产企业,以及取得认证的和列入小作坊目录的食品生产者,而那些非正规的通过走街串巷方式售卖小食品的生产者及生产行为,则通常难以受到严格监管。其实,这种情况是世界各国普遍面临的问题,"总体来看,食品安全风险随着食品加工规模的减小而增加"(温振东,2014)。

对于有效地形成"全方位监管"的有力监管体系,许多学者指出,建设食品监管的"社会共治制度"是主要的解决思路(谢康 等,2015b;牛亮云,2016)。《中共中央关于制定国民经济和社会发展第十三个五年规划的建议》也提出:实施食品安全战略,形成严密高效、社会共治的食品安全治理体系,让人民群众吃得放心。

目前,已经出现了一些探索食品安全社会共治制度的研究,比如有学者提出了社会共治的理念,探索可以实施共治的方面和条件(韩东平,2023)。但是,如何形成各共治参与主体的动力与实现共治的条件,如何为各共治主体提供信息共享和协调的制度保证,特别是如何科学地设计共治制度结构与动力机制,则仍然需要进一步深入研究。

7.3 食品安全的当前研究情况

食品安全方面的研究,大体上可以分为如下几个方面。

一是采用博弈论与信息经济学理论来研究食品安全风险监管的理论问题。该方面的研究,主要为食品安全领域的信息不对称造成的逆向选择或道德风险。比如,有学者提出食品是一种具有高度信息不对称性的特殊商品,从各国情况来看,相对容易作弊,比如滥用添加剂、造假替用、运输污染以及以次充好等,但这些情况却很难被消费者获知,因此食品具有的信用品特征,存在着严重的信息不对称,容易导致逆向选择与道德风险(戴庆华 等,2015;乔博娟 等,2014)。还有学者提出,政府应当充分利用社会公众的心理行为形成社会震慑效应,通过动态博弈形成更加有利于社会公众的市场分离均衡(谢康 等,2015b;费威,2013;龚强 等,2012;龚强 等,2013;龚强 等,2015;李想 等,2014;李新春 等,2013;王可山,2012;刘亚平,2011;王永钦 等,2014;谢康 等,2015a;张国兴 等,2015)。

二是研究技术设备在食品安全风险监管中的作用与意义。比如研究技术设备在食品安全风险监测工作中的支撑作用(方赤光 等,2016;孙登峰 等,2015;郭培源 等,2015;龚丽爱,2015;麦学娟,2012;王颐蓉,2015)。还有学者通过研究利用数据挖掘技术来发现食品安全事件的发生规律,发现关联规则挖掘方法在对食品安全检测数据中多因素的分析上,有着数理统计方法不可比拟的优势(边春娜 等,2014)。西南交通大学的张静等提出应当重视食品安全监管系统,利用现代信息手段实现远程实时监控、电子地图和电子质量档案相结合的食品安全监管地理信息系统(张静 等,2008)。

三是研究食品供应链中的风险因素,比如风险源、传导阈值、传导载体、传导路径、传导节点、传导宿体以及风险调控过滤器等(晚春东 等,2016),分析食品供应链核心企业内部控制水平对食品安全保障的影响等(秦江萍,2014)。

四是研究食品安全法律法规,比如关于食品安全犯罪的罪名性质归属问题,提出"危害食品安全"犯罪行为到底是危害公共安全的行为呢,还是破坏经济秩序的行为。认为应当在现行法律中从现在的"破坏市场经济秩序罪"类别调整到"危害公共安全罪"中(王娜,2016)。

五是食品安全风险相关的调查等实证研究。比如从食品安全满意度的视角来评价政府的监管成效(王建华 等,2016),对农村居民食品安全消费的意愿及其影响因素的调查(王建华 等,2015)。一些学者在对农村食品安全治理的公众参与意愿的调查中,发现农户性别、年龄等个体特征显著地影响农户对食品安全风险的担忧程度(杨柳 等,2014;刘文萃,2015)。还有学者通过数据统计发现,社会阶层对城乡居民食品安全风险意识具有显著影响,阶层地位较高者对食品安全风险更加重视(金卉,2016;厉曙光 等,2014)。

六是食品安全监管制度方面的研究。其中,许多学者指出,如果仅仅依靠政府进行食品安全监管,容易导致监管资源短缺问题(耿爱生 等,2013)。因此,在监管资源相对有限而监管对象相对无限的情况下,"社会共治"是一个较好的解决方案。比如,有学者认为,"鉴于食品安全问题的社会性,其解决的关键在于建立基于网络治理新模式的食品安全社会共治格局"(丁煌 等,2014)。因此,形成"政府—市场—社会"三维格局,积极引入社会治理机制,是强化食品安全风险监管的好办法。但是,需要解决的是"基于多元利益主体共存的现实——政府、行业协会、媒体、专家学者、社会公众等,如何协调成为一个难题"(徐鑫钰,2015;刘鹏 等,2015;葛然,2013;张建成,2013;宋强 等,2012)。

也有学者研究如何设计社会共治监管机制,主张通过信息机制、惩罚机制、教育机制等,诱导、鼓励和迫使企业主动或被动地强化自律行为(牛亮云,2016;赵喜凤,2015)。还有学者专门从以微博、微信、个人网站等为代表的新型自媒体出发,提出需要重构公共话语平台(郭兰英 等,2014)。亦有学者探讨如何建立社会力量广泛参与的多元治理机制,特别是举报制度(卫幼奕,2015;吴元元,2012;易开刚 等,2014)。

为了提高食品安全监管的协调效果以及提高检测能力,任燕等提出了应当将食品安全协调和监督职能独立出来,成立权威性专门机构,并且建立第三方检测制度,充分发挥民间力量来弥补政府力量的不足(任燕 等,2008)。

张天等人认为,"分段监管"不利于形成"从农场到餐桌"整条食物链的无缝连接,特别是随着技术和社会发展出现新问题、新领域时更是如此。为此,应该将食品安全的监管职能和行业管理职能分开,并将目前分散的监管职能集中在两个主要部门:初级农产品全过程的食品安全由农业部门监管,其余食品的生产、流通、消费安全集中由一个专门部门监管。同时,应当成立权威协调机构,赋予权威的协调手段,如食品安全检测、风险分析、信息发布等(张天 等,2008)。

包昌红提出,需要提高我国食品安全级别划分的规范性。我国当前采用的名称如保健食品、自然食品、生态食品、无公害食品、无公害农产品和绿色食品(A级,AA级)、免检食品等,名词繁多,增加了消费者识别食品安全等级的难度(包昌红,2008)。

李怀认为应当建立健全食品安全信息公开披露与通报制度,对食品安全风险信息的公开披露,使有关部门及时采取监管对策从而更加有效地保护消费者(李怀,2008)。

近年来,随着网络经济的兴起,网络食品的安全监管受到了重视,由于网络食品具有方便快捷、价格实惠、种类多样等特点,发展异常迅速,而其食品安全监管也是需要重视和深入研究的问题(赵健,2023;杨悦 等,2023;邸洋,2023;陶丽娜,2020)。

7.4 食品安全监管的社会共治制度设计过程

食品安全监管的社会共治制度的设计过程,可以分为三个主要阶段。

第一阶段:在调研的基础上,建立计算机数据库和资料库,通过大数据技术和数据挖掘技术并结合传统的理论分析,进行食品安全风险的识别与分析,并绘制食品安全各类风险的关系网络地图及风险网络动态演化图。

在这个阶段,主要进行如下方面的分析:

(1) 进行大规模调研,在调研的基础上建立计算机数据库和资料库。由于食品种类繁多,加工销售从业主体类型众多,加工销售环节繁多,生产方式(比如各种工艺、各种方法都可以生产同一种食品)和销售渠道繁多,因此以往那样仅凭人脑的直觉来研究食品安全风险是困难的。因此,必须以大数据的方式建立计算机数据库,利用数据挖掘技术和大数据技术,同时结合传统的理论分析方式,对食品安全风险的各种问题进行归纳与分类,对各种安全风险的条件与演化规律进行大规模数据分析。然后利用大数据技术和数据挖掘技术,同时结合传统的理论分析,必要时进行再调研补充修正数据,进行如下各类分析。

(2) 食品安全风险的纵横分析。纵向分析:以食品生产加工销售的顺序关系为食品安全风险的调查与分析线索,这条线索即人们常说的"从农田到餐桌",重点分析可能产生食品安全风险的主要环节、各环节产生食品安全风险的主要条件与原因,以及各种条件的可控性等。

横向分析:以食品加工销售的横向关系为食品安全风险调查分析线索。比如,同一种类食品的生产方式有手工生产、机器生产、大企业生产、小作坊生产、出租屋里自产自销等;从食品销售渠道来看,有实体店销售的、流动摊贩销售的、电子商务网络销售的。

(3) 各类风险点产生原因和条件分析。分析风险产生的全面根源,比如来自技术的与过失的、天然不可控的和人为导致的、食品生产或销售系统内源的或者是外部输入的、源自监管失灵的与源自市场失灵的,等等。

(4) 各类食品安全风险点的动态演变分析。分析上述各类风险变化的环节、条件、种类、趋势、演变过程规律,以便有针对性地设计治理制度。比如,食品安全风险信息的表现形式、扩散规律、过程、动力因素,风险信息采集的方法、保真方法的研究等。

(5) 建立食品安全各类风险的关系网络地图。食品安全各类风险往往都不是孤立的,而是相互联系相互影响的,因此,必须用系统科学的方法,绘制食品安全各类风险的关系网络地图。这个关系网络地图,也是设计食品安全社会共治制度的一个重要依据。

(6) 食品安全各类风险的关系网络地图中的风险点分类与参数调研(即二次调研)。食品安全各类风险的关系网络地图中的风险点,在系统性风险产生过程中的作用是不同的,有的风险点扩散能力强、影响大,有的风险点扩散能力小、影响小。因此,需要对这些风险点进行调研与分析计算,以确定治理资源的配置。

(7) 利用大数据技术与数据挖掘技术,对各种安全的条件与演化规律进行分析,形成风险网络动态演化图。

第二阶段:食品安全风险的社会共治制度体系设计。

(1) 在食品安全的风险点关系网络地图与社会共治制度体系任务点网络之间形成完整的映射关系。这是因为,食品安全风险的社会共治制度必须以食品安全各类风险的关系网络地图为依据,才算是完善的治理制度,也就是说,社会共治制度体系网络要做到对食品安全风险点网络地图的"全覆盖"。

为此,要根据食品安全的风险点关系网络地图对社会共治制度体系网络进行设计,形成制度研究任务点网络。每个任务点,都针对一种具体的食品安全风险点,需要分析寻找最佳的制度类型与执行主体,这种执行主体包括机构、特定的专业人员与相应的设备仪器。

(2) 针对任务点网络中的各个具体任务点,结合调研与数据挖掘技术,确定其可用的具体制度类型,设计与任务点网络对应的制度网络。比如,对于信息不对称导致的生产端的风险,可以建立"吹哨人制度+符合该类食品特点的高频随机抽查制度",而针对该食品消费端的风险,则可以设计"消费者参与制度+举证援助制度"来治理,等等。这是制度接口设计与制度强度设计方面的内容。

有些种类的食品,适用于分段监管制度,这样效率更高;有些种类的食品,适合按品种监管制度,这样更容易追责;有些种类的食品,适合横向大宽度统一监管制度,这样才能不留监管死角。这是制度强度设计和制度漏洞治理设计方面的内容。

对于某些容易导致行政监管机构效率低下的特定食品生产销售领域,可以实行权力清单、负面清单、审批清单、程序清单、监管清单等"五张清单"制度,使食品安全监管规范化、高效化。而对于某些信息不对称较为严重的食品生产销售领域,可以实行"信息强制公开制度",以提高消费者参与治理的能力。这是制度强度设计中的提高观测力方面的内容。

对于某些食品生产销售的集群区,可以建立食品安全第三方评价制度与食品质量"红黑榜"制度。这是制度接口设计中的"制度—制度接口"问题,以及制度强度设计中的观测力设计问题。

(3) 对制度网络中的各类制度进行分类归纳,形成需要进行研究的典型制度的集合。

(4) 进行典型制度设计,即对各类典型制度进行研究,包括制度执行主体研究、动力研究与条件研究,这方面主要是应用制度强度设计的理论与方法。

执行主体研究,即确定特定的问题由谁主要治理,由谁提供辅助支持,可选择的范围有政府(政府又分不同的部门与层级)、企业内部"吹哨人"、消费者协会、行业协会、第三方组织、媒体等。

动力研究,即各执行主体的监管行为的推动因素,主要有利益动力、伦理动力、舆论动力等。

条件研究,即各治理主体发挥作用需要什么条件,如何实现这些条件。

(5) 次生问题处理。在典型制度设计完成后,需要分析食品生产中的哪些环节有次生问题,次生问题如何治理(包括其治理主体、条件、种类等)。这是个循环迭代问题,可以采用软件技术来辅助人力解决。

(6) 典型制度中的人机集成共治制度设计,即归纳各典型制度中的执行部件的共性特点,按执行任务的特点对人机最优配合分工等问题进行研究。这方面主要是制度的接口设计中的"制度—设备接口"问题。

经验与历史说明,只重视管理人员与机构而忽视设备系统建设,或者只重视设备系统建设而忽视管理人员与机构建设,都是不可取的。因此,从行为的条件控制入手,对于制度的观测系统、惩罚与奖励的执行系统要进行子系统设计。而观测系统与执行系统,必须运用人机结合,或者制度、队伍与设备的结合。

(7) 典型制度中的学习功能设计。该功能是各个典型制度中都需要具有的。这是因为,食品安全风险在事实上是不断发展与演化的。如果食品安全检测标准体系制定制度时缺少学习功能,就不能随着风险的变化而改进,影响监管效果。

(8) 在典型制度设计完成之后,要对制度体系的结构进行宏观设计,这时,需要根据各种具体的制度之间的内在关系,形成特定的制度体系结构,以防止监管制度体系内部各部门之间产生了"监管博弈",弱化了社会共治制度的整体功能。

第三阶段:循环修改完善。

食品安全风险的社会共治制度设计,不可能一蹴而就,在运行中常常会出现新的问题。这时,往往需要重新调研,即回到第一阶段,通过重新对数据进行搜寻、分析、建库、数据挖掘,对食品安全的风险点关系网络地图与风险网络动态演化图进一步修改与充实,然后再次进入第二阶段,进行相关的治理制度设计,如此往复,直到取得较好效果为止。

同时,为了实现一定的理论方法意义,该阶段还应当归纳总结在社会共治制度体系设计中发现的问题与解决该问题的方法,寻找其中可推广的内容,来充实管理学理论与方法。如果还存在一些没有解决的问题,则提出需要进一步研究的任务。

食品安全风险监管社会共治制度设计过程如图 7-3 所示。

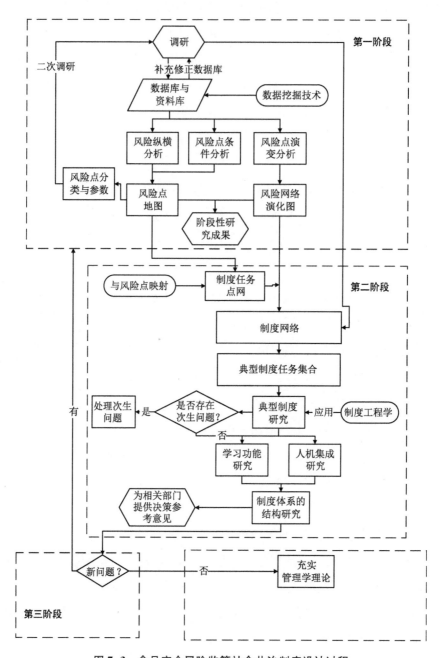

图 7-3 食品安全风险监管社会共治制度设计过程

7.5 食品安全风险监管制度设计的主要特点与要求

7.5.1 重视人机结合,而不是只关注人的因素

这方面的理论和方法基础是制度接口设计。在管理学领域,人们常常习惯于关注人的因素而很少研究人与设备及技术的配合。但在现代社会,在一些情况下,技术设备与人的管理相结合往往能够产生更加良好的效果。比如,公安系统的"天网工程"(在城市内大面积安装摄像头)使刑事案件破案率大幅上升。

对于食品安全风险的社会共治来说,本书重视人机的结合,即人机集成,通过人机功能的最佳分配,来实现社会共治制度体系的优化,也就是把食品安全监管制度下人的行为(比如监管规则)与技术设备集成起来,形成食品安全的人机集成系统设计,即食品安全风险的人机集成共治。事实上,很多现代技术的应用,已经解决了以往的不少食品安全风险难题。比如,采用"计算机视觉"来自动检验食品色泽,比人工检验效率高且准确,效果大大提高。

发挥机器设备等技术手段在食品安全方面的保障作用。比如,许多地区建立了食品安全信息追溯平台,该平台运用大数据和云计算技术,打破食品在种植、养殖、生产、流通等环节以及相关监管部门之间的信息壁垒,让食品安全能真正一追到底,为食品安全相关监管部门的执法工作提供了有力的支持。此外,我国成立的国家食品安全风险评估中心(China National Center for Food Safety Risk Assessment,简称CFSA)的宗旨是"为保障食品安全和公众健康提供食品安全风险管理技术支撑",也能够明显看出我国已经开始重视技术设备在食品安全监管中的运用。

7.5.2 重视把传统的理论分析与现代科学技术结合起来

比如,可以采用大数据与数据挖掘技术,对食品安全风险点的种类、产

生条件、演化规律、相互影响关系等进行分析，从而充分利用人脑所无法实现的大处理量、快速分析等优点，同时，又结合人脑的判断与分析能力，对相关问题进行理论研究。显然，这与以往的以理论分析为主的社会问题研究是有所不同的。

7.5.3 重视信息探测与学习机制的设计

这方面的理论与方法基础是制度强度设计中的观测力设计。随着科技的进步，食品生产环节的作弊手段也往往会花样翻新。在这样的情况下，食品监管制度设计就不能一劳永逸，必须具备灵敏的信息探测与学习机制，做到对新出现的食品质量作弊手段反应迅速，及时发现问题和采取惩治措施。此外，随着社会的发展，新型销售渠道与生产模式不断出现，要重视这些新型销售渠道与生产模式带来的新的风险类型。比如，食品的电子商务网络销售近年来有扩大之势，其中的食品安全风险治理问题需要及时研究和解决。

7.5.4 重视食品安全监管部门和人员的执法驱动力的设计

这方面的理论与方法基础是制度强度设计中的执行力设计或驱动力设计。食品安全风险监管在一定意义上是"得罪人"的工作。因此，要十分重视对监管人员的执法驱动力设计，让他们积极主动地作为，不敢渎职失职。在这方面，要设计对监管者的监管机制，同时重视媒体与群众举报工作，及时发现监管人员的不作为行为，及时加以严惩。同时，对于执法积极和执法效果突出的部门和个人，要设计专门的有力的奖励制度，有效地驱动他们的执法积极性。

7.5.5 强化执法力度，形成监管制度应有的强大震慑力

这方面的理论与方法基础是制度强度设计中的抑制力设计。除了来自监管机构的执法威慑外，还要在制度上保证通过受害者的索赔来惩罚伪劣

食品制造者。对于食品质量造假和危害食品安全的行为,要罚得责任人"倾家荡产",让其永远不敢再从事食品加工与销售。同时,对于"无证经营"和"无证生产"的加工点,有一处则查处一处、取缔一处,一律从根本上清除,决不让他们游走于监管之外。对于群体性食品风险事故,要强化"问责制",严厉惩罚所涉及的所有责任主体,做到监管、制造、销售、宣传等各主体无一逃脱,形成强大的威慑力。

强化执法力度对食品安全风险防范具有关键性的作用。如果执法力度不强,则食品生产者之间容易造成恶性的"作弊竞赛",即坚持食品质量的生产者成本高利润低,而使用劣质原材料的不法商贩却利润丰厚,造成"老实人吃亏"现象。久而久之,那些本来坚持食品质量的生产者也会一步一步地滑向了坑害消费者的作弊行为的深渊,结果造成大家"竞相作弊",使食品安全风险向不可控的方向发展。

信息不对称,食品生产加工过程的信息不透明,是食品从业者在食品安全质量上作弊的重要条件。因此,要有效地建立吹哨人("吹哨人"原指对违法行为吹哨的人,在制度设计中指代表政府和社会利益的"内部举报人")制度(卫幼奕,2015),让企业对食品安全问题小心谨慎,如履薄冰。

7.5.6　注意消除食品安全风险监管制度中执法范围的空白区

这方面的理论与方法基础是制度漏洞治理设计。由于食品供应体系相当复杂,容易在一些环节上出现"监管真空"区域,形成无人管理的空白点。因此,要注意实现监管的"全覆盖",其中要特别注意充分实现对于那些单体小但总体量极大的食品加工小作坊以及分段分工不明确的食品生产者的有效监管,比如那些分布在居民区内和农贸市场周边的自产自销食品加工场所。

7.5.7　强化食品监管制度体系内部的协调性

这方面主要是需要防止监管制度体系内部各部门之间产生了"监管博弈"而弱化制度的监管功能。比如,一些监管机构是中央垂直或省垂直管理的,另一些机构则是地方政府的下属部门,要为这些机构之间设计良好的协调通道和协调机制,同时要努力防止各职能单元之间互相推诿等问题。

7.5.8 强化食品安全监管制度中的信息传播与消费者警示功能

这方面的理论与方法基础是制度接口设计。作为食品安全的最直接关系者,也是食品安全监管制度的直接受益者,食品消费者是最重要的制度环境因素。要让消费者有能力识别食品质量,使一些作弊手段无法谋取利益,让作弊者为不良行为付出代价。在这方面,要建立权威的全国统一的标准化的食品安全与质量等级标识制度,使食品质量等级标识清晰、明白、统一、权威、可靠,不再允许生产企业和各种民间机构自行标识和随意使用食品质量方面的宣传词语。

7.5.9 资源整合与高效联动

把可用于食品安全监管的全部社会资源整合成一个可以高效联动的体系,从而建立有效的食品安全监管的社会共治制度。在这方面,要特别注意政府之外的其他社会主体,如行业协会、公众等,要设法发挥他们的积极性,并为他们提供一定的监管条件,使他们能够充分发挥其监管功能。

同时,要注意加强消费者对食品安全的监管意识。由于消费者是食品安全风险的直接利益相关者,因此消费者是最有监管动力的。要在制度上保证消费者的知情权,使消费者能够方便地了解食品生产加工过程的情况,掌握食品安全方面的信息。此外,政府还要花力气普及检查与判断食品质量的知识,使消费者具有相应的知识和良好的判断能力。

7.5.10 通过精简环节减少风险点

这方面的理论与方法基础是制度漏洞治理设计。要重视对食品商业模式的改革设计,尽可能减少不必要的加工与销售环节。环节越多,作弊与造假的机会越多,食品安全的风险越大。因此,尽可能地减少环节,也是减少食品安全风险的有效办法。在这方面,凡是条件允许的,应尽可能提倡"农消对接"(徐立成 等,2016),把不必要的环节减少到最少。

食品安全风险监管制度对于防范食品安全风险具有决定性的作用,食品安全风险监管制度设计得好,食品安全监管就能够实现常规化和制度化,可以有效地防止运动式监管现象。所谓的"运动式监管",是指在监管资源不足的情况下,政府只能以"集中人力物力"的方式开展各种类型的食品安全专项整治运动。这种整治方式,非常容易助长监管对象的投机心理,造成食品生产者不是真正地从根本上改善食品质量,而是寄希望于"躲过风头"。而食品生产者如果持这种心理,则会造成每次运动式监管结束后,都会出现食品安全风险的反弹。

第 8 章

管理制度重要作为的实证
——金融科技企业风险影响因素实例

8.1 实证的内容与方法概述

本章以对金融科技企业风险的诸多影响因素的统计分析为案例,通过对大量实际数据的实证分析,考察在诸多因素中,管理制度在防范经营风险方面的重要地位和作用。

具体来说,本章以金融科技领域的网络借贷平台企业的数据为基础,对影响网络借贷企业经营风险的因素进行实证分析。采用的研究方法主要是生存时间分析,这是一种专门用于研究风险的统计回归方法。与一般的回归方法相比,生存时间分析在研究事物的风险及影响因素中具有独特的优势,因此生存时间分析具有广泛的应用领域,如在医疗领域通常用来研究病人的死亡风险,在工程领域则用来研究设备的故障风险等。本章则将其用来研究企业的倒闭风险及其影响因素。

本章通过对影响企业风险的诸多因素的统计分析,得出如下几个方面的主要结论。

第一,回归结果发现先进的企业管理制度在防范风险方面具有重要意义。此外还进一步发现,由于上市公司参控股企业与风险资本参控股企业的企业制度相对完善,其风险远小于一般的民营企业。这个结果给我们的重要启示是:在发展新兴行业时,一方面要重视企业内部的管理制度建设,充分发挥制度在防范风险、保证行业平稳发展中的作用;另一方面还要发挥风险投资基金及上市公司对新兴行业中的企业的筛选作用和制度建设的促进作用,而不是仅仅依靠政府从宏观上防范风险,这样会取得更好的防范风险效果。

第二,对于金融科技企业来说,当前主流观点是科学技术的使用会增加企业风险。但这几乎都只是思维分析得出的结果,尚没有见到统计性实证结论。而本章的实证结果表明,至少应用自动投标技术没有导致企业风险的显著上升。其意义在于,尽管自动投标技术的应用会带来新的风险类型——技术风险,但自动投标可以在一定程度消除人为差错和操作人员的各种利益驱动导致的不规范甚至是非法行为的风险。两种风险一增一减相互抵消,因此对企业风险的影响不明显。这说明,科学技术的使用,并不注定会明显地增加金融科技企业的风险。

第三,对于监管政策的作用,学界一直存在争论,比如支持监管的"市场失灵说"和反对监管的"监管失灵说"之间的争论。本章的实证结果表明,对于监管政策到底是减少风险还是增加风险,并不能一概而论。实际情况是:日常监管有利于减少企业风险,但突然地和频繁地出台"监管新政",会增加企业的经营风险。因此给我们的启示是:监管常规化和制度化,要远比突然出台整治政策更有利于企业的健康发展。

第四,从企业规模对风险的影响的角度来看,到底是大企业的风险大还是小企业的风险大?这是一个目前仍然存在争议的问题。其中支持大规模企业风险大的理论以"太大不能倒"思维反而导致企业忽视风险管理,造成风险上升的观点为代表。但也有不少人得出相反的结论,认为小规模企业的风险更大。本章的实证表明,大规模的网络借贷企业的倒闭或退出风险只是小规模企业风险的79%,因此还是大规模的企业风险小一些。这个结果的启示是:在发展金融科技等新兴行业时,应当设立一定的规模和资质门槛,要防止大量的无资金、无设备、无人才的"三无企业"一哄而起,这样有助于防范行业风险,使新兴行业得以健康发展。

第五,从地区的市场化程度对企业风险的影响来看,目前这方面的研究主要呈以下两方面的特点:一是相对较少,目前仅见到关于地区市场化程度对上市公司股价崩盘风险的影响的研究;二是这些研究仍然存在争论:一些人认为,在制度环境较为完善的地区,上市公司股价崩盘风险要小一些,但另一些学者却发现,制度环境对股价崩盘并没有影响。与当前的这些研究不同,本章从地区环境对企业整体的经营风险的角度进行了实证研究,发现处在市场经济发达地区的网络借贷企业的倒闭或退出风险仅为不发达地区的69%。这个结果清楚地说明了良好的环境对企业自身的内部管理制度的效益具有放大作用。因此,制度与文化环境,在本质上其实是当地企业发展所必需的公共产品,应当给予充分的重视。

8.2 相关问题的当前研究

8.2.1 制度完善程度对风险的影响

企业内部的制度建设对企业风险有影响吗?有许多学者从各种具体的制度因素对企业风险的影响进行研究。

比如,有研究表明,实施独立董事制度能够显著地降低上市公司股价崩盘风险(梁权熙 等,2016)。一些公司实施了高管责任保险制度,产生了良好的"激励改善"效应,这在创新占主导的高科技企业中最为明显(方军雄 等,2018),并且由于额外增加了外部监督者——保险公司,从而其股价崩盘风险更小(Yuan et al.,2016)。

再比如,有学者发现,风险资本参控股能够优化董事会职能(Bottazzi et al.,2008),提高企业的投资效率(吴超鹏 等,2012;Celikyurt et al.,2014),并且能够促进企业进行长期投资(雷光勇 等,2016),改善企业的信息披露质量与审计师报告的稳健性。甚至有学者发现,风险资本能够对所投资的企业起到一定的替代性制度安排的作用(李善民 等,2019)。

亦有一些研究发现了许多制度因素会增加企业风险,比如CFO期权激励制度(Kim et al.,2011),以及高管津贴制度等(Xu et al.,2014),都会导致股价崩盘风险的上升。

但是,上述研究基本上都是分别从某一种具体的单一制度因素对企业风险的影响开展研究的。目前尚不多见关于企业制度整体完善水平对其风险的影响的研究。主要问题在于,由于对于各种不同的制度因素来说,既有一些因素会降低企业风险,也有一些因素会增加企业风险,因此对任何单一制度因素的研究,都难以看出企业的制度建设的整体水平对其风险的影响程度。因此,非常有必要从企业的制度建设的整体水平对其风险的影响进行研究,特别是需要从实证角度考察企业制度建设水平对其自身的经营风险的影响程度。

为此,从不同类型的企业的内部管理制度有差异从而其风险也不同这一想法出发,笔者把全部网络借贷平台企业分成了四个类型:风险投资资本参控股企业(简称风投系)、上市参控股企业(简称上市系)、既没有受到风险投资参控股也没有受到上市公司参控股的一般民营企业(简称民营系)和国资参控股企业(简称国资系)。同时,设计企业类型变量 $vent$ 表示平台企业为风投系,类型变量 $stoc$ 表示上市系,类型变量 $priv$ 表示企业为民营系。为了防止虚拟变量陷阱,各变量以国资系的平台企业为基础,即如果某平台企业在 $vent$、$stoc$、$priv$ 这三个变量上取值皆为 0,则该平台企业为国资系的企业。然后,通过考察与对比在 $vent$、$stoc$、$priv$ 这三个变量上取值不同的企业的生存函数差异与风险函数差异,来研究企业内部制度完善程度对其风险的影响。

8.2.2　金融科技中的技术风险问题

对于金融科技企业来说有个独特的问题,这就是,科学技术的大量使用到底是增加了企业风险还是减少了企业风险?

从当前的研究结果来看,科学技术的使用会增加企业风险的说法占主导地位。比如,Demertzis 等认为,金融科技企业风险其实是技术风险和金融风险相叠加形成的新型风险,危害巨大(Demertzis et al.,2017)。金融科技由于高度依赖科学和交易平台系统,造成数据风险与信息安全风险交织(皮天雷 等,2018)。因此,数据信息泄露和技术失控就是金融科技企业的主要风险。

但是,上述结论都存在同一个问题,即到目前为止,几乎都只是经思维分析得出的结果,尚没有见到统计性实证结论,因此仍然需要进一步实证证实。实际上,技术的应用到底是否增加了企业的经营风险,是很难依靠思维分析得出确定结果的,因为技术的应用虽然能够增加新的风险——技术风险,但技术也能增加新的治理风险的手段——监管科技。同时,科学技术的快捷与自动化的特点,还为企业减少了人工操作中的无意失误和有意作弊的风险。因此,技术的应用,到底对于金融科技企业来说是增加风险还是减少风险,需要从统计实证角度加以有说服力的研究。

为此,针对网络借贷企业,本章设计了"自动投标"变量 $auto$,凡是使用自动投标技术的企业,$auto$ 取值为1;而那些仍然使用人工投标的企业,则 $auto$ 为0,以此来从统计回归的角度,考察科学技术对企业风险的影响。

8.2.3 监管政策到底会扩大还是降低风险

从其本意来说,政府部门出台对行业的监管政策,目标无疑是既保护企业又保护其客户的利益,因此理论上应当会减少风险。

然而,真的是如此吗? 事实上,对于监管政策的作用,学界一直存在争论。其中比较有代表性的是"市场失灵说"和"监管失灵说"。"市场失灵说"认为,由于市场本身存在盲目性和波动性,因此天生会产生大量的风险,政府部门的监管是相当重要的,监管政策对于减少风险有重要的意义。而"监管失灵说"则认为,无论政府部门的出发点如何,事实上却普遍存在着"监管俘获"和"监管滞后"现象,因此监管政策通常并不能降低风险,在有些情况下还会增加风险。

有一些研究支持"市场失灵说"。比如,有学者发现,作为对上市公司的监管手段之一的交易所年报问询函,可以降低相关企业的股价崩盘风险(张俊生 等,2018)。还有学者发现,只要提高监管强度,就可以有效地实现监管要求(Barth et al., 2004; Barth et al., 2013)。并且这种监管强度与风险抑制的关联性,对于大型银行企业更为明显(潘敏 等,2015)。

但也有一些研究支持"监管失灵说"。有学者指出,监管实际上会造成一种独特类型的风险——政策风险,而且对企业的打击是巨大的。比如在网络借贷平台的整顿过程中,一些地方监管部门,甚至直接要求一些达不到要求的企业限期"清退"(陈钊 等,2019)。还有学者发现互联网金融监管政策的出台,仅仅限制了企业数量的增长,却没有降低其风险(秦伟广 等,2020)。

由上述可见,监管政策对企业风险的影响到底如何,尚需要进一步进行实证研究。为此,本章设计了备案监管变量 $reco$ 和监管政策风险变量 $polnew$。其中,凡是按监管部门要求进行备案的网络借贷企业,$reco$ 取值为1,没有备案的则取值为0。备案意味着企业的相关信息为监管部门所掌握,并定期接受核查,因此以此变量来考察接受备案监管后企业的风险到底是升高还是降低了。而 $polnew$ 则用来考察监管政策出台对企业生存时间的影响,上线时间在《网络借贷信息中介机构业务活动管理暂行办法》公布之前(2016年9月之前)的网络借贷平台企业取值为0,上线时间在 2016 年 9 月(含 9 月)之后的平台,取值为 1。以此来考察对网络借贷的整治措施的"政策风险"情况。

8.2.4　企业规模与风险的关系

到底是大企业的风险大还是小企业的风险大?这是一个目前仍然存在争议的问题。

国外有学者发现,大银行由于受到政府的"太大不能倒"原则的保护,反而导致大银行企业忽视风险管理,造成风险上升(Mishkin et al.,1999)。有学者通过对美国的商业银行进行实证,亦发现银行规模越大,破产风险越高(黄隽 等,2020)。还有学者发现其实不仅是银行,凡是金融机构都有规模越大风险越高的特点(王往,2017)。

但是,也有许多研究得出了相反的结论。就银行业领域而言,有学者对中国的上市商业银行进行实证,发现与欧美银行业完全不同,随着银行的规模越来越大,银行的经营风险、系统风险、非系统风险均会变得越来越小(刘志洋,2015)。就一般的上市公司而言,有学者发现,公司的规模越大,"违约距离"越大,即违约风险越小(张荣 等,2006)。亦有学者通过对公司的融资利率的高低来估计其风险的大小,这是因为根据融资的风险与收益的对等原则,越是风险大的公司,其融资利率越高。而研究却发现,事实上是公司的规模越大,则其债券融资利率越小,这说明公司越大则风险越小(朱燕建 等,2016)。

为了进一步探讨网络借贷企业的规模与其风险的关系,本章在COX模型中设置了企业规模变量,以便通过回归实证来观察企业规模对其风险的影响。

以往的研究涉及各种不同的考察企业规模的角度,比如企业的资产规模、企业的员工规模、企业的市场占有率规模、企业的注册资金规模等等。本章以企业的注册资金的数目作为考察企业规模的测度。主要原因在于,企业的资产规模、员工规模或市场占有率规模等,都是随着企业的经营状态不断变动的指标,具有很强的"内生性",会严重影响回归模型的有效性。而企业的注册资金,则一般是企业出生时的特征,不会轻易变化,是企业的更加"天然的"禀赋。因此从统计回归的角度来看,注册资金的规模无疑是较好的考察角度。

为了对比不同规模的企业的风险差异,本章设计企业规模变量 $size$,凡是注册资金大于或等于4 000万元的,$size$ 为1,否则为0。之所以选择4 000万元注册资金为界限,是因为该数据把样本分成了对等的两半,是企业注册资金的中位数。然后用 $size$ 来考察企业的规模差异对其抗风险能力的影响。

8.2.5 地区的市场化程度对企业风险的影响

目前有大量的关于地区市场化程度对企业经营效率影响的研究,认为市场化程度的提高能够使供求信号更加明显(夏立军 等,2005),减少了企业搜寻市场信息的成本。

但是，地区的市场化程度或者说制度环境和文化环境会影响企业风险吗？如果有影响的话，那么随着地区市场化程度变高，企业的经营风险是增大还是减少？目前这方面的研究一是相对较少，二是即使有一些研究但目前仍然存在争论。比如，有一些学者发现，制度环境较为完善的地区，上市公司股价崩盘风险要小一些（罗进辉 等，2014），但另一些学者却发现，制度环境对股价崩盘并没有影响（林川 等，2017）。

为了进一步研究这个问题，本章设计了地区市场化程度变量 $envi$。参考雷光勇等人测量制度效率的做法（雷光勇 等，2017），根据多年以来稳定地位居中国市场化程度排名中第一梯队的是广东、上海、浙江、江苏、北京、天津 6 省市（王小鲁 等，2017）这个特点，规定凡是注册地为这 6 个省市的企业，赋值为 1，其他地区的企业为 0。由此用变量 $envi$ 来考察地区市场化程度对企业风险的影响。

从更深层的含义来说，地区市场化程度实际上是反映了当地的制度环境与文化环境，这些环境对减少企业的内部制度的风险的效果都有相当大的影响。相同完善水平的制度，在不同的地区环境中，其效果可能有相当大的差异。用制度工程学理论来解释这个现象为：这实际上是企业内部制度与环境的接口问题。其中，企业内部制度与外部的制度环境形成的耦合关系是制度—制度接口，企业内部制度与外部的文化环境形成的耦合关系是制度—文化接口。这两类接口的承接与转换能力，直接关系到企业内部制度的效果。因此，从更深的意义上来说，市场化程度变量 $envi$ 实际上是用来考察当地的制度接口对企业风险的影响的。

8.2.6　对变量选择的进一步说明

本章的模型的变量，有企业生存持续时间 $susta$、归并变量 $merg$、备案监管变量 $reco$、监管政策风险变量 $polnew$、风投参控股系变量 $vent$、上市参股系变量 $stoc$、民营系变量 $priv$、企业规模变量 $size$、自动投标变量 $auto$、地区市场化程度变量 $envi$ 共 10 个变量。其中，企业生存持续时间 $susta$ 和归并变量

merg,是生存分析模型所固有的变量。生存分析的特点是,它的被解释变量是"天生的"和不可改变的,即只能以"生存的持续时间 *susta*"为被解释变量;同时,由于样本中有一些企业在观察期结束时还没有"倒闭",因此必须使用归并变量 *merg* 将这些企业进行归并。其余的 8 个变量为模型的解释变量和控制变量。当分别考察某一变量对网络借贷企业风险的影响时,其余 7 个变量就当作控制变量。

这 8 个变量,基本上把"网贷之家"与"网贷天眼"上的所能够收集的具有良好外生性的变量用尽。其他的变量如客户人数和借贷资金规模等,皆会随着企业的经营状态而随时发生变化,导致很强的内生性,而具有内生性的变量,在生存分析模型中是不能使用的,因为他们会破坏生存分析回归模型的有效性。

综合上述,本章模型的变量定义表如表 8-1 所示。

表 8-1 变量定义表

变量名称	变量定义	定义解释与设置该变量的研究意图
susta	企业生存持续时间	平台的生存时间(月)
merg	归并变量	在观察期倒闭或退出的平台为 0,在观察期截止时仍然正常运营的平台为 1
reco	备案监管变量	凡是在本省市监管部门备案的平台为 1,没有备案的平台为 0,用来考察加入监管后企业的风险是升高还是降低
polnew	监管政策风险变量	即上线时间在《网络借贷信息中介机构业务活动管理暂行办法》公布之前(2016 年 9 月之前)的平台取值为 0,上线时间在 2016 年 9 月(含 9 月)之后的平台,取值为 1,用来考察对网络借贷的整治措施对企业造成的风险情况,即政策风险
vent	风投参控股系变量	属于风投资本参控的借贷平台为 1,不属于风投系的平台为 0,用来考察企业的内部制度差异对其风险的影响
stoc	上市参控股系变量	被上市公司参股或控股的平台为 1,不被上市公司参股或控股的平台为 0,用来考察企业的内部制度差异对其风险的影响

(续表)

变量名称	变量定义	定义解释与设置该变量的研究意图
$priv$	民营系变量	属于单纯的民营企业的平台为1,不属于单纯的民营企业的平台为0,用来考察企业的内部制度差异对其风险的影响
$size$	企业规模变量	注册资金大于或等于4 000万元的,为1,否则为0。选择4 000万元为界限,是因为该数据把样本分成了对等的两半,是中位数。用来考察企业的规模差异对其风险的影响
$auto$	自动投标变量	凡是采用自动投标平台为1,反之为0,用来考察金融科技对企业的风险的影响
$envi$	地区市场化程度变量	对《中国分省份市场化指数报告》中第一梯队的广东、上海、浙江、江苏、北京、天津6省市,凡是注册地为这6个省市的企业,赋值为1,其他地区的企业为0。用来考察经营环境差异对其风险的影响

8.3 研究方法与数据情况

8.3.1 研究方法

专门研究事物生存时间长短的回归分析被称为"生存分析"(Survival Analysis),相应的数据被称为生存数据(Survival Data),虽然生存分析是专门用来分析影响生存时间的各个因素的,但其数据在性质上一般都是横截面数据。生存分析中常用的函数有生存函数(Survival Function)与风险函数(Hazard Function)。

生存函数是表示生存时间的函数,反映的是生存时间超过一定时间的个体所占的比例。由于随着时间的增长,超过该生存寿命的个体越来越少,因此生存函数必定为时间的减函数。

风险函数也是时间的函数,反映的是个体的"瞬间死亡率",即在某时间上的风险大小。风险函数通常会有各种形状:如果风险递减,则风险函数为时间的减函数,比如随着时间的增长,企业越来越成熟与完善,因此其倒闭风险越来越小。如果风险递增,则风险函数为时间的增函数,比如随着时间的增长,有些企业的经营问题积累得越来越多,因此其倒闭风险越来越大。当然,还有一些企业的风险是两头大、中间小,这类企业的风险函数是"U形"的;也有一些企业的风险是两头小、中间大,这类企业的风险是"倒U形"的;等等。

如果风险函数 $\lambda(t, x) = \lambda_0(t)h(x)$,则称该风险函数为"比例风险"(Proportional Hazard,简写为 PH),其中,$\lambda_0(t)$ 为"基准风险",仅与时间 t 有关,与解释变量 x 无关。在比例风险的情况下,样本中的各个体的基准风险 $\lambda_0(t)$ 都是相同的,而每个个体的独特风险由 $h(x)$ 描述。通常设 $h(x) = e^{x'\beta}$,其中,$x'\beta$ 为向量乘积。因此比例风险函数形式为 $\lambda(t, x) = \lambda_0(t)e^{x'\beta}$。其中,$h(x) = e^{x'\beta}$ 称为"相对风险"(Relative Hazard)。使用比例风险模型回归时,模型中系数 e^β 称为"风险比率"(Hazard Ratio,简称 HR),其意义为解释变量 x 每增加一个单位,则新的风险是原来风险的 e^β 倍。

在比例风险回归模型中,通常事先假设 $\lambda_0(t)$ 为某种形式的函数,比如当 $\lambda_0(t) = e^a$ 时为指数回归(Exponential Regression),当 $\lambda_0(t) = e^{a+n}$ 时为"冈珀茨回归"(Gompertz Regression)等等。但在比例风险模型中,应用最为广泛的是 Cox 提出的 COX 模型。这是因为,其他的比例风险生存分析模型都要求事先对基础风险函数的具体形式,比如指数分布(Exponential Distribution)、逻辑斯谛分布(Logistic Distribution)、威布尔分布(Weibull Distribution)、冈珀茨回归(Gompertz Regression)等做出假定。但在事实上,由于数据的真实分布千变万化,人们一般是很难准确地给出风险函数的形式的,这就使得这些模型的回归效果大为降低,而 COX 模型并不需要事先主观地规定基础风险函数的具体形式,只是对相关的解释变量估计其参数,因而属于"半参数回归",这使得 COX 模型的效果大为提高。本章的生存分析也是使用的 COX 模型。

8.3.2 数据的总体情况

本章全部的网络借贷平台企业的数据来源于第三方信息平台"网贷之家"和"网贷天眼"。它们目前是研究中国网络借贷平台企业的重要数据来源。

本研究共收集了5 066个平台,其中206个平台企业因上线当月就倒闭而成为无效数据(持续时间单位为"月",因此只有生存时间超过1个月的平台企业才是有效样本)。因此有效观测的平台企业为4 860个(在本章的单变量模型中,有效样本数量基本在4 500个以上,在多变量回归模型中,由于要求8个自变量必须皆有数据,因此在多变量回归模型中有效样本数据为2 208个),其中4 757个平台发生了倒闭或退出(即失效),其余的103个平台由于观察期截止日还在正常运行而被归并。对样本的分析时间跨度为2007年6月到2019年12月。数据整体情况如表8-2所示。

表8-2 数据整体情况描述表

观察内容	数据值
归并变量在归并时取值	merg = 1
个体退出观察的出口	倒闭或退出市场
观察期间	从上线时间开始到其生存停止时间为止
被观察的企业的数量	5 066
生存期不足一个月的无效企业的数量	206
有效的被观察企业的数量	4 860
在观察期倒闭或退出市场的企业数量	4 757
对全部有效的企业的观察风险的总时间(总月数,注意各企业观察月数不同)	123 116
风险的时间起点	$t = 0$
观察时间起点	$t = 0$
被观察最久的企业的被观察时间(月数)	$t = 149$

图 8-1 是全部样本企业的生存函数。由生存函数可以看出,在分析时间达到 60 个月后,生存的平台数量开始变得趋于平稳。

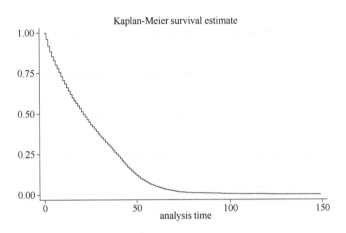

图 8-1　全部平台企业的生存函数

图 8-2 是全部借贷平台企业的风险函数。可见平台的风险函数呈现倒 U 形,在生存约 60 个月时风险最大(即最容易倒闭或退出)。

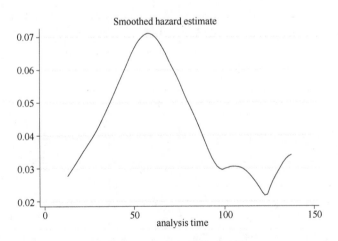

图 8-2　全部平台的风险函数

8.4　COX 模型回归结果

8.4.1　标准的 COX 模型的回归

首先，对于 reco、polnew、vent、stoc、priv、size、auto、envi 等 8 个解释变量进行标准的 COX 模型(8-1)的回归，其结果见表 8-3。

$$\lambda(t,x)=\lambda_0(t)e^{\beta_1 reco+\beta_2 polnew+\beta_3 vent+\beta_4 stoc+\beta_5 priv+\beta_6 size+\beta_7 auto+\beta_8 envi} \quad (8-1)$$

表 8-3　三个 COX 模型的回归结果

变量	标准的 COX 模型		分层的 COX 模型		具有 TVC 的 COX 模型
	风险比率	残差检验	风险比率	残差检验	风险比率
reco	0.434*	0.740 3	0.459**	0.867 4	0.475*
polnew	5.644***	0.561 4	5.947***	0.456 6	5.779***
vent	0.592***	0.200 5	0.582***	0.216 0	0.58***
stoc	0.644***	0.358 8	0.632***	0.356 0	0.632***
priv	1.56***	0.099 5	1.541***	0.097 7	1.551***
size	0.792***	0.440 7	0.796***	0.691 2	0.791***
auto	0.962	0.042 2	分层变量		1.103
envi	0.963	0.000 9	分层变量		0.691***
auto(TVC)					0.996*
envi(TVC)					1.01***
观察数量	2 208		2 208		2 208
赤池信息准则(AIC)	28 352		22 752		28 337

注：*** 表示在 1% 水平上显著，** 表示在 5% 水平上显著，* 表示在 10% 水平上显著。

对于标准的 COX 模型来说，由于 COX 模型是建立在各变量皆符合比例风险假定的基础上的，因此需要对各变量是否符合比例风险进行检验。尽管进行这种检验的方法有许多,但目前还不存在绝对准确可靠的检验方法。

为此,首先采取舍恩菲尔德残差检验(Schoenfeld Residuals Test)对多变量 COX 模型进行检验。检验结果表明,8 个变量中,由于 *reco*、*polnew*、*vent*、*stoc*、*priv*、*size* 等 6 个变量,都不能拒绝其变量为比例风险的原假定(见表 8-3 中的第 3 列),因此可以明确断定其是符合比例风险假定的。而 *auto* 和 *envi* 两个变量,却能在 5%水平上拒绝比例风险假定,因此对于这两个变量,舍因菲尔德残差检验结果不支持比例风险假定。

但是,舍恩菲尔德残差检验并不是唯一的和绝对可靠的检验比例风险假定的方法。借鉴陈强等的做法(陈强,2014),用画以相应变量为函数的生存函数的观测-预测图的方法进一步检验其比例风险假定是否成立(见图 8-3 与图 8-4)。

由图 8-3 可见,对于生存函数的观测值与预测值,无论 *auto* = 1 还是 *auto* = 0,其观测值与预测值基本重合,故提示符合比例风险假定。同时,由图 8-4 可见,对于生存函数的观测值与预测值,无论 *envi* = 1 还是 *envi* = 0,其观测值与预测值基本重合,故提示符合比例风险假定。

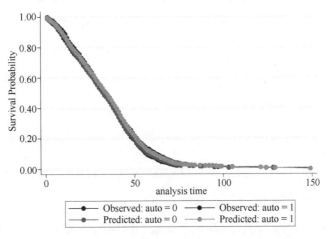

图 8-3 以 *auto* 为变量的生存函数的观测值与 COX 模型的预测值的对比图

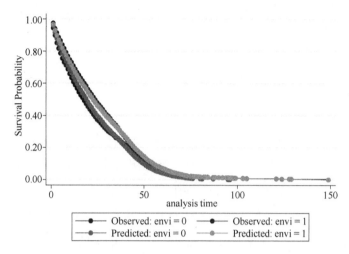

图 8-4　以 *envi* 为变量的生存函数的观测值与 COX 模型的预测值的对比图

8.4.2　分层 COX 模型回归

分层 COX 模型,是处理比例风险特征不强的变量的可靠方法。由于 *auto* 和 *envi* 两个变量在使用舍恩菲尔德残差检验其比例风险特征时,结果不太明确,为了使回归结论更加可靠,现将 *auto* 与 *envi* 设为分层变量,进行分层 COX 回归,形成分层 COX 模型(8-2),该模型中 i 与 j 的不同取值形成了模型的各种"分层"。i 与 j 的取值规则为:当 *auto* = 1 时 i = 1,*auto* = 0 时 i = 0;当 *envi* = 1 时 j = 1,*envi* = 0 时 j = 0。结果见表 8-3 中的第 4 列。

$$\lambda(t,x_{ij}) = \lambda_{0ij}(t) e^{\beta_1 reco_{ij} + \beta_2 polnew_{ij} + \beta_3 vent_{ij} + \beta_4 stoc_{ij} + \beta_5 priv_{ij} + \beta_6 size_{ij}} \quad (8-2)$$

对比多变量 COX 模型与分层 COX 模型,可以看出分层 COX 模型的赤池信息准则(Akaike Information Criterion)最小。因此,此模型中对 *reco*、*polnew*、*vent*、*stoc*、*priv*、*size* 等 6 个变量的风险比率的估计是相对准确的。但由于变量 *auto* 与 *envi* 在分层 COX 模型中作为分层变量因而没有风险比率这个参数,因此在模型 2 中无法对这 2 个变量的风险比率进行估计。

8.4.3 具有时变变量的 COX 模型

当 COX 模型中的一些解释变量不满足比例风险假设时,一种较为有效的解决办法是将这些不满足比例风险假设的变量设为时变协变量(Time-Varying Covariates,简称 TVC),此时的 COX 模型称为具有时变变量的 COX 模型或具有 TVC 的 COX 模型。

在标准的 COX 模型中,由于 *auto* 和 *envi* 两个变量的比例风险假定存疑,因此现在将它们设为时变变量,即引入变量 *auto* 与时间 t 以及 *envi* 与 t 的互动项,进行具有时变变量的 COX 回归(8-3)。回归的结果,如表 8-3 中第 6 列所示。从回归结果来看,原来在标准的 COX 模型中不显著的 *envi* 已经变得十分显著了,因此具有 TVC 的 COX 模型效果良好。

$$\lambda(t,x)=\lambda_0(t)e^{\beta_1 reco+\beta_2 polnew+\beta_3 vent+\beta_4 stoc+\beta_5 priv+\beta_6 size+\beta_7 auto+\beta_8 envi+\gamma_1 tauto+\gamma_2 tenvi} \tag{8-3}$$

8.5 回归结果的分析与意义

下面分别对各个解释变量在回归中所得到的"风险比率"及其所代表理论意义进行分析。

8.5.1 自动投标对企业风险的影响

为了考察企业应用金融科技程度对其风险的影响,设计自动投标变量 *auto*,凡是采用自动投标的平台企业 *auto* 为 1,反之为 0,然后分析 *auto* 不同取值的企业在抗风险能力上的差异。

首先,对样本中的 *auto* 取值不同的企业,对比其生存函数(图 8-5)。然后,对样本中的 *auto* 取值不同的企业,对比其风险函数(图 8-6)。

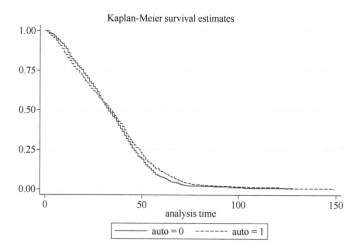

图 8-5 *auto* 取值不同的企业的生存函数差异

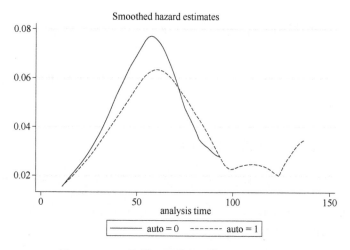

图 8-6 *auto* 取值不同的企业的风险函数差异

由图 8-5 可见，应用自动投标技术的企业与没有应用该技术的企业的生存函数几乎没有差异。由图 8-6 可见，二者的风险函数所显示的风险曲线也相互交织，此高彼低的地位不断地相互转换。因此，从实际数据的情况来看，并不能得出应用科学技术而导致风险更高这样的结论。

从 COX 模型的回归结果来看，自动投标变量 auto 的风险比率，在标准的 COX 模型中为 0.96，意味着自动投标的企业的倒闭或退出风险是手工投标企业风险的 96%，表示其风险略小于手工投标企业；在具有 TVC 的 COX 模型中的风险比率为 1.103，表示其风险略大于手工投标企业。但两个模型中该变量皆不显著，说明这个结果没有明确的统计意义指向。

出现这种情况，可能是因为尽管自动投标技术的应用会带来新的风险类型——技术风险，但自动投标却可以在一定程度上消除了人为差错和操作人员的各种利益驱动导致的不规范甚至是非法行为的风险。两种风险一增一减相互抵消，因此 auto 变量对企业的风险的影响不明显。这也是本模型中唯一统计上不显著的变量，然而其意义却是值得思考的：自动投标技术的应用，并没有明显地增加风险。

8.5.2 监管政策对企业风险的影响

在本章的 COX 模型中，用来代表监管政策影响的变量有两个，一个是备案变量 reco，一个是政策变量 polnew。前者用来考察日常监管对企业风险的影响，后者则用来考察政策突然出台所带来的"政策风险"对企业经营的影响。

企业如果参加政府监管部门的备案，意味着监管部门掌握该企业的基本情况，该企业被纳入了政府的监管范围。因此，本模型以网络借贷公司是否参加备案的变量 reco 作为政府监管的代理变量，来考察政府监管对企业风险的影响。如果企业参加备案，则 reco 取值为 1，否则为 0。

首先，对参加备案的企业和没有参加备案的企业的生存函数进行对比（图 8-7）。

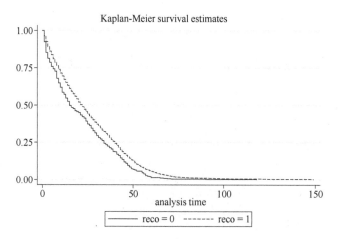

图 8-7 备案的企业和没有备案的企业的生存函数对比图

由图 8-7 可见,备案的平台生存时间的确更长一些。

下面分别画出备案的和没有备案的企业的风险函数对比图(图 8-8)。

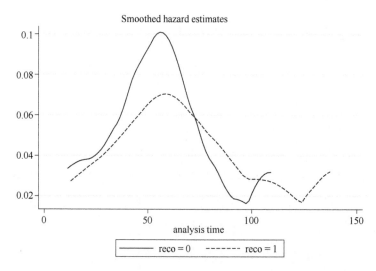

图 8-8 备案的和没有备案的企业的风险函数对比图

由图 8-8 可见,从样本数据的实际情况来看,备案的平台企业的倒闭或退出风险相对更小一些。

从 COX 回归结果来看,备案变量 reco 的风险比率在标准的 COX 模型中为 0.434,在分层 COX 模型中为 0.459,在具有 TVC 的 COX 模型中为 0.475。在三个模型中的数值比较稳定,都不到 0.5,意味着备案的企业的倒闭或退出风险仅仅是没有备案企业的倒闭或退出风险的 43%,因此备案的企业的风险要小很多。其原因,可能是一方面参加备案的企业达到了一定的监管要求,资质较高;另一方面由于备案的企业必须接受定期监管,因此可以有效地防止风险积累,从而倒闭或退出的风险要小得多。

政策风险(Policy Risk)是指政府某些政策或法规等的突然出台,造成行业经济环境突然变化,由此给企业造成的风险。在网络借贷领域,比较重要的政策节点,是银行业监督管理委员会、工业和信息化部、公安部、国家互联网信息办公室等部门为了整治网络借贷乱象,于 2016 年联合发布的《网络借贷信息中介机构业务活动管理暂行办法》,对网络借贷公司自身的资质与客户借款金额上限等都作出了明确规定。

为了考察企业所面临的政策风险,本模型用 polnew 作为政策风险变量。Polnew 的取值规则是:上线时间在《网络借贷信息中介机构业务活动管理暂行办法》公布之前的平台企业取值为 0,上线时间在 2016 年 9 月(含 9 月)之后的平台企业取值为 1。然后考察 Polnew 取值不同的企业的倒闭或退出风险是否有差别,以此来研究政策风险对企业的生存时间的影响。

首先,对样本中 Polnew 取值不同的企业(即监管政策出台之前与之后上线的企业)的生存函数及风险函数进行对比(图 8-9 与图 8-10)。

由图 8-9 可见,监管政策出台后上线的企业的寿命要比监管政策出台前上线的企业的寿命要短很多。这说明政策出台后,网络借贷公司的经营环境更加苛刻,从而形成了政策风险。而政策出台前的企业,由于已经在前面的无监管环境下生存了一段时间,因此其寿命普遍长于政策后新上线的企业。

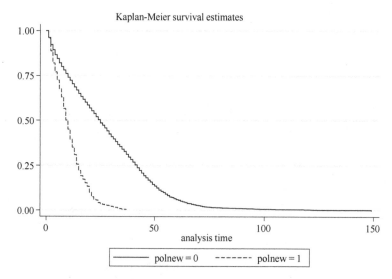

图 8-9　监管政策出台之前与之后上线的企业的生存函数对比

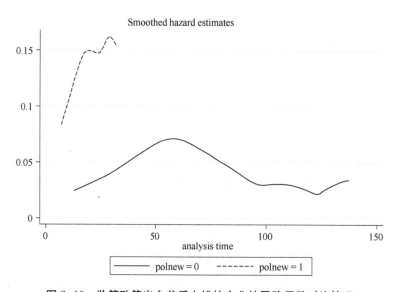

图 8-10　监管政策出台前后上线的企业的风险函数对比情况

由图 8-9 和图 8-10 可见，在实际数据中，监管政策出台后上线的企业的风险要比监管政策出台前上线的企业的风险要大得多，说明了政策风险对企业的影响巨大。

从 COX 回归结果来看，政策风险变量 polnew 的风险比率在标准的 COX 模型中为 5.644，在分层 COX 模型中为 5.947，在具有 TVC 的 COX 模型中为 5.779，在三个模型中的数值相当接近并且都在 1%水平上显著。这意味着监管政策出台后上线的企业的倒闭或退出风险要比监管政策出台前上线的企业的倒闭或退出风险高出 5 倍以上，足见对于网络借贷企业来说，曾经遭遇过的政策风险是多么巨大。

如上对于备案监管变量 reco 和政策风险变量 polnew 回归结果，可以分别从企业经营角度和消费者角度进行解读。

从企业经营的角度来看，凡是接受备案日常监管的企业，其风险都比没有接受备案日常监管的企业风险小，但监管政策出台后上线的借贷平台企业的风险却要比政策出台前上线的企业的风险大得多。两个变量指出的企业风险的巨大差异提示我们：监管常规化和制度化，要远比突然出台整治政策对企业的健康发展有利得多。突然出台整治政策，往往意味着监管要求发生了巨大变量，导致一大批企业花费巨大成本进行各方面的"升级改造"以达到监管要求，从而造成了"达标成本"的新生风险；一些条件差的企业往往被迫选择"退出"，造成行业的大幅度波动。

从消费者的角度来看，需要注意的是，在《网络借贷信息中介机构业务活动管理暂行办法》出台之前，网络借贷企业出现了爆发式增长。由于网络借贷为新兴行业，监管部门没有相关经验可循，导致监管制度等一时"跟不上"，造成了各行业内各企业资质参差不齐，甚至有许多企业存在违规经营和诚信缺失问题，相关人员卷款跑路频现，造成了大量的资金出借人的严重损失。因此，该办法的出台，严格了企业的合规经营要求，加快了问题企业的退出，这种对网络借贷企业的"政策风险"实际上净化了行业的经营环境，保护了消费者。对行业的健康发展而言，实际上是"刮骨疗毒"式的阵痛，也是对网络借贷行业在前期"鱼龙混杂"式的爆发式增长的一种必要的整治。只是这种整治给社会造成的成本较高,本质上是一种由于对新兴行业缺乏监管经验而付出的"学费"。

8.5.3 企业规模与风险的关系

首先,对样本中的企业规模变量 *size* 取值不同的企业,对比其生存函数(图8-11)。

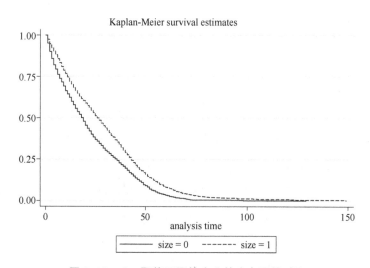

图 8-11 *size* 取值不同的企业的生存函数对比

图 8-11 显示,小规模的企业,生存时间较短,经营风险较大。

下面对比 *size* 取值不同的企业的风险函数(图8-12)。

图 8-12 清楚地显示,小规模的企业的倒闭或退出风险较大。

从 COX 回归结果来看,企业规模变量 *size* 的风险比率在标准的 COX 模型中为 0.792,在分层 COX 模型中为 0.796,在带有时变变量的 COX 模型即具有 TVC 的 COX 模型中为 0.791,在三个模型中的数值相当稳定并且全部在 1% 水平上显著。这意味着大规模企业的倒闭或退出风险只是小规模企业风险的 79%。该回归结果充分地说明了规模越大的企业的风险越小。

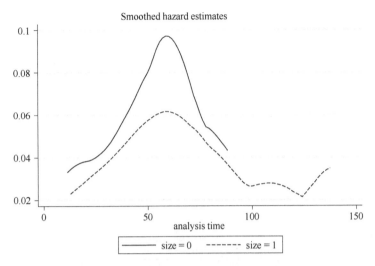

图 8-12　*size* 取值不同的企业的风险函数对比

由此,估计其原因可能是企业规模在一定程度上反映了企业整体实力,包括资金、人才、设备等各个方面,因此规模较大的企业的资质较高。而企业的资质越高,则风险越小。

这个结果的启示是:在发展金融科技等新兴行业时,应当设立一定的规模和资质门槛,要防止大量无资金、无设备、无人才的"三无企业"一哄而起。这样有助于防范行业风险,使新兴行业得以健康发展。回顾国内网络借贷行业的风险爆发过程,不难发现大量的低资质企业"一哄而上"是爆发行业风险的重要原因。

8.5.4　制度完善程度对风险的影响

为了考察企业内部制度完善程度对其防范风险的作用,笔者基于不同类型的企业的内部管理制度有差异从而其风险也不同这一想法,通过研究 *vent*、*stoc*、*priv* 这三个企业类型变量对风险的影响,来研究企业内部制度完善程度对防范风险的作用。

首先,对样本中的不同类型的企业,对比其生存函数(图 8-13)。

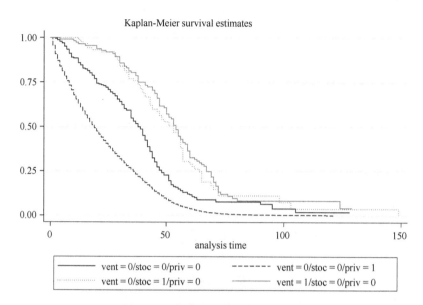

图 8-13 各类企业的生存函数曲线

从图 8-13 可以看出,民营系生存最短,风投系生存最长,上市系次之,国资系次短。

其次,对比各类型企业的风险函数(图 8-14、图 8-15、图 8-16)。

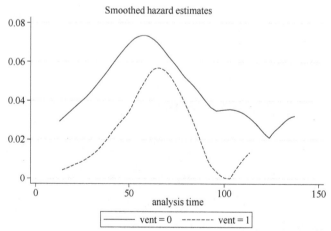

图 8-14 风投系的风险函数曲线与其他三类平台的综合风险函数曲线对比

由图 8-14 可以发现，风投系的风险偏小。

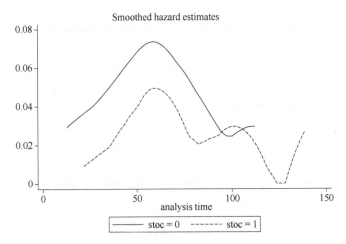

图 8-15　上市系的风险函数曲线与其他三类平台企业的综合风险函数曲线对比

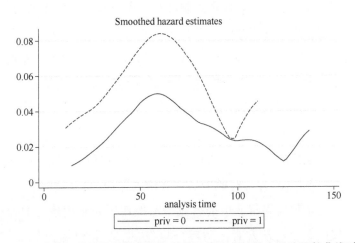

图 8-16　民营系的风险函数曲线与其他三类平台的综合风险函数曲线对比

由图 8-15 可以发现，上市系的风险偏小。

由图 8-16 可以发现，民营系平台的风险偏大。

从 COX 回归结果来看，有如下发现：

风投系企业变量 *vent* 的风险比率在标准的 COX 模型中为 0.592,在分层 COX 模型中为 0.582,在具有 TVC 的 COX 模型中为 0.58,并且全部在 1% 水平上显著。这意味着风投系企业的倒闭或退出风险至多只是非风投类企业风险的 59%,因此风投系企业的风险小得多。

上市系企业变量 *stoc* 的风险比率在标准的 COX 模型中为 0.644,在分层 COX 模型中为 0.632,在具有 TVC 的 COX 模型中为 0.632,并且全部在 1% 水平上显著。这意味着上市系企业的倒闭或退出风险至多只是非上市类企业风险的 64%,因此上市系企业的风险也很小。

民营系企业变量 *priv* 的风险比率在标准的 COX 模型中为 1.56,在分层 COX 模型中为 1.541,在具有 TVC 的 COX 模型中为 1.551,并且全部在 1% 水平上显著。这意味着民营系企业的倒闭或退出风险比非民营系企业的风险至少高出 54%。该回归结果说明,民营系平台企业的风险巨大,而风投系企业与上市系股企业的风险相对较小。

这个结果充分说明了现代企业制度在防范风险方面的重要意义。许多民营企业基本上属于家族企业或者朋友企业,以人际关系为聚合基础,管理制度相对落后,投资随意。而上市公司参控股企业与风险资本参控股企业,则企业制度相对完善,决策透明,监督严格,投资等重大决策较为科学和准确,对风险防范具有重要的意义。

这个结果给我们的重要启示是:在发展新兴行业时(比如金融科技等近年来发展极为快速的行业),一方面要重视企业内部的管理制度建设,充分发挥制度在防范风险、保证行业平稳发展中的作用;另一方面还要发挥风投基金及上市公司对新兴行业中的企业的筛选作用和制度建设的促进作用,而不是仅仅依靠政府从宏观上防范风险(这也是重要的,但仅仅如此还不够),这样将取得更好的防范风险效果,才能保证金融科技类新兴行业的健康发展,防止大起大落。

8.5.5　地区的市场化程度对企业风险的影响

首先,对样本中的地区市场化程度变量 *envi* 取值不同的企业,对比其生存函数(图 8-17)。其次,对比样本中的 *envi* 取值不同的企业的风险函数(图 8-18)。

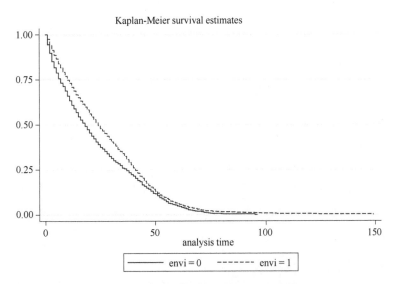

图 8-17　*envi* 取值不同的企业的生存函数差异

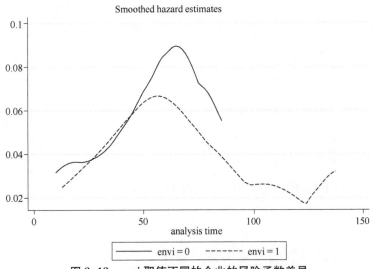

图 8-18　*envi* 取值不同的企业的风险函数差异

由图 8-17 的企业的生存函数曲线可见,在市场经济发达的地区,企业的存活率较高。由图 8-18 的企业的风险函数曲线可见,企业在创立初期,市场经济发达地区与市场经济不太发达地区的企业经营风险相差不多,但对于那些已经生存时间较长的企业,其在市场经济发达地区的风险要小得多。

这可能是因为:一方面市场经济发达地区为企业生存提供了较好的条件从而企业的风险较小,但另一方面又由于在市场经济发达地区的成熟企业数量较多从而竞争激烈,因此又造成了创立不久的不成熟企业受到来自大量的成熟企业的竞争压力较大,从而造成初创企业的风险较大。两者相互抵消,从而市场经济发达地区与不发达地区的企业风险差不多。但企业一旦承受住早期的市场风险考验而走向成熟,则市场就会为其发展提供了良好的经营环境,从而风险变小。这时,市场经济发达地区企业的风险就远小于不发达地区企业的风险。

从 COX 回归结果来看,变量 $envi$ 的风险比率在具有 TVC 的 COX 模型中为 0.691,且在 1% 的水平上显著,说明具有 TVC 的 COX 模型对变量 $envi$ 的回归效果良好,表明处在市场经济发达地区的网络借贷企业的倒闭或退出风险仅为不发达地区的 69%。这个结果清楚地说明了良好的环境接口对企业自身的内部管理制度的效益具有放大作用。因此,作为地方政府应当意识到,搞好本地区的制度与文化环境建设,就是为本地区的企业发展提供良好的公共产品,是能够实实在在地产生效益的。

8.6　COX 回归模型的稳健性分析

8.6.1　对其他类型的生存模型的考察

为了考察本章中的 COX 模型的稳健性,现使用其他类型的生存时间分析模型进行回归,以便与 COX 模型的结果作对比。

与比例风险的 COX 模型相对应的是加速失效模型,因此先尝试几个有代表性的加速失效模型,然后与 COX 模型回归对比其拟合效果。

首先,采用广义伽马分布的加速失效模型(Generalized gamma AFT regression)进行回归,并画出其风险函数曲线(图 8-19)。

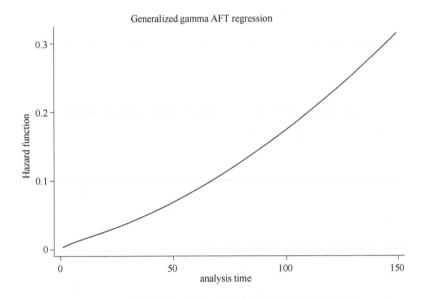

图 8-19　广义伽马分布的加速失效模型的风险函数曲线

由图 8-19 可以看出,广义伽马分布的加速失效模型所模拟的风险函数曲线与真实的风险函数曲线(图 8-2)严重不符,远不如 COX 模型的风险函数曲(图 8-20)拟合得好。

其次,采用对数正态分布的加速失效模型(Lognormal AFT regression)进行回归,并画出其风险函数曲线(图 8-21)。

由图 8-21 可以看出,对数正态分布的加速失效模型的风险函数曲线与真实的风险函数曲线(图 8-2)相差仍然比较大,仍然不如 COX 模型的风险函数曲线(图 8-20)拟合得好。

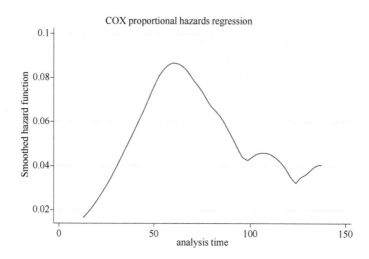

图 8-20 COX 模型的风险函数曲线

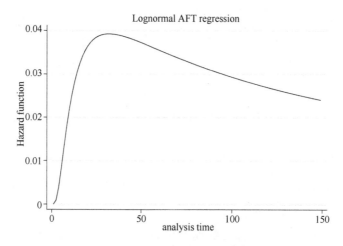

图 8-21 对数正态分布的加速失效模型的风险函数曲线

最后,采用对数逻辑分布的加速失效模型进行回归(Loglogistic AFT regression),并画出其风险函数曲线(图 8-22)。

在各种加速失效模型中,对数逻辑分布的加速失效模型中参数较多,因此它对真实数据的拟合能力较强。

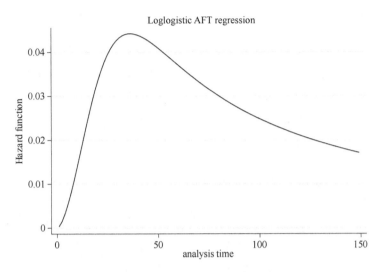

图 8-22　对数逻辑分布的加速失效模型的风险函数曲线

但即使如此,由图 8-22 可以看出,这种模型的风险函数曲线与真实风险函数曲线仍然有较大的差别,仍然不如 COX 模型的风险函数曲线(图 8-20)拟合得好。

因此,在生存分析模型的两个主要类型中,即加速失效模型与比例风险模型中,对现实拟合得比较好的是 COX 比例风险模型。

8.6.2　对 COX 模型中的参数的稳定性的考察

下面考察 COX 模型中的各变量的"风险比率"参数的稳定性。主要方法是通过建立各变量的单变量的 COX 模型,对比相应的变量在单变量模型中和在多变量 COX 模型、分层的 COX 模型、带有 TVC 的 COX 模型中的该变量对风险的影响方向是否一致。如果一致,则说明该变量的 COX 模型回归中比较稳定。

为此,针对 *reco*、*polnew*、*vent*、*stoc*、*priv*、*size*、*auto*、*envi* 等 8 个变量分别

管理制度设计

建立 8 个单变量的 COX 模型,并将其结果与三个多变量 COX 模型(标准的 COX 模型、分层的 COX 模型、带有 TVC 的 COX 模型)进行对比,如表 8-4 所示。

由表 8-4 可见,在各个单变量的 COX 模型中,除了在三个多变量 COX 模型中均不显著的变量 $auto$ 外,其他各个变量在对企业风险的影响方向(当该变量的风险比率大于 1 时,该变量的作用为放大风险,当风险比率小于 1 时,该变量的作用为减少风险),均与三个多变量模型中相应变更的影响方向相一致。因此,多变量的 COX 模型是稳健的。

表 8-4 单变量 COX 与多变量 COX 回归结果对照表

变量	单变量 COX 模型(8 个)	标准的 COX 模型	分层的 COX 模型	带有 TVC 的 COX 模型
	风险比率	风险比率	风险比率	风险比率
$reco$	0.785***	0.434*	0.459**	0.475*
$polnew$	3.291***	5.644***	5.947***	5.779***
$vent$	0.572***	0.592***	0.582***	0.58***
$stoc$	0.602***	0.644***	0.632***	0.632***
$priv$	1.827***	1.56***	1.541***	1.551***
$size$	0.725***	0.792***	0.796***	0.791***
$auto$	0.925*	0.962	分层变量	1.103
$envi$	0.836***	0.963	分层变量	0.691***
$auto$(TVC)				0.996*
$envi$(TVC)				1.01***

注:*** 表示在 1% 水平上显著,** 表示在 5% 水平上显著,* 表示在 10% 水平上显著

8.7 结论

本章通过企业生存时间分析模型,对影响网络借贷企业风险的一些重

要因素进行了回归分析,并取得了一些重要发现。

其中,最重要的一点是发现上市公司参控股企业与风险资本参控股企业的风险远小于一般的民营企业,这实际上是反映了上市公司与风险资本参控股企业的内部管理制度相对完善对防范风险的意义。由此对我们的启发是:在发展新兴行业时,一方面要重视企业内部的管理制度建设,充分发挥制度在防范风险、保证行业平稳发展中的作用;另一方面还要发挥风险投资基金及上市公司对新兴行业中的企业的筛选作用和制度建设的促进作用,而不是仅仅依靠政府从宏观上防范风险,这样会取得更好的防范风险效果。

关于科学技术的使用会增加金融科技企业风险的主流观点,本章的实证结果表明,尽管技术的使用会带来新的风险类型——技术风险,但可以在一定程度消除人为差错和操作人员的各种利益驱动导致的不规范,甚至是非法行为的风险。两种风险一增一减相互抵消,因此对企业风险的影响不明显。这说明,科学技术的使用,并不会明显地增加金融科技企业的风险。同时,也提示我们需要重视科技在防范风险中的作用,使新技术能够在开展业务和对风险的监管中同步得到应用。

对于监管政策的作用,本章的实证结果表明,监管制度化、常规化有利于减少企业风险,但突然出台的"监管新政",会增加企业的"达标成本"风险。因此,对金融科技企业的风险防范,要抓早抓小,监管与新兴行业的发展同步,立足常规化和制度化,而不是积累了严重问题后进行疾风暴雨式的整治。

关于到底是大企业的风险大还是小企业的风险大这个争议,本章的实证表明,大规模的网络借贷企业的倒闭或退出风险只是小规模企业风险的79%,这是因为大企业的整体条件和资质较好,因而风险较小。因此在发展金融科技等新兴行业时,应当设立一定的规模和资质的门槛,要防止大量的无资金、无设备、无人才的"三无企业"一哄而起。

从地区的市场化程度对企业风险的影响来看,目前这方面的研究为:一是相对较少,目前仅见到关于地区市场化程度对上市公司股价崩盘风险的影响的研究;二是这些研究仍然存在争论。与当前的这些研究不同,本章从地区环境对企业整体的经营风险的角度进行了实证研究,发现处在市场经济发达地区的网络借贷企业的倒闭或退出风险仅为不发达地区的69%。这个结果清楚地说明了良好的环境对企业自身的内部管理制度的效益具有放大作用。因此,制度与文化环境,在本质上其实是当地企业发展所必需的公共产品,应当引起各地方政府的重视。

至此,本书从管理制度设计的基本原理开始,渐渐过渡到管理制度设计的类型,以及各类型的基本设计方法。同时,为了提高本书的可理解性和实用性,对于每一种类型的管理制度设计方法,还提供了一些在实际中应用的案例,此外还配备了一个综合了各类设计方法的综合性案例。此外,为了说明管理制度设计在实践中的重要作用,还提供了相应的实证证据。因此,本书遵循从理论和方法到实际应用案例的方式展开内容,较容易理解和掌握。

本书最重要的特色,是把传统上具有文科特征的文字分析为主的管理制度设计,当作一种工程设计来看待,从而在一定程度上减少了设计结果模糊不清和难以操作的弊端。此外,现代科学技术的飞速发展,使得科学技术在管理制度中的作用越来越重要,各类科技设备的出现,为管理实践提供了越来越多的利器。因此,本书在管理制度设计中突出了现代科学技术设备的作用,这也是本书的一个重要特色。

参 考 文 献

BARTH J R, CAPRIO G JR, LEVINE R, 2004. Bank regulation and supervision: What works best? [J]. Journal of financial intermediation, 13(2): 205-248.

BARTH J R, CAPRIO G JR, LEVINE R, 2013. Bank regulation and supervision in 180 countries from 1999 to 2011[J]. Journal of financial economic policy, 5(2): 111-219.

BOTTAZZI L, DARIN M, HELLMANN T, 2008. Who are the active investors? Evidence from venture capital [J]. Journal of financial economics, 89(3): 488-512.

CELIKYURT U, SEVILIR M, SHIVDASANI A, 2014. Venture capitalists on boards of mature public firms[J]. Review of financial studies, 27(1): 56-101.

DEMERTZIS M, MERLER S, WOLFF G B, 2017. Capital Markets Union and the fintech opportunity[J]. Policy contributions(22): 1-17.

GOWEN A, O'DONNELL C, CULLEN P, et al, 2007. Hyperspectral imaging-an emerging process analytical tool for food quality and safety control[J]. Trends in food science & technology, 18(12): 590-598.

KIM J B, LI Y H, ZHANG L D, 2011. CFOs versus CEOs: Equity incentives and crashes [J]. Journal of financial economics, 101 (3): 713-730.

MENG T G, 2019. Responsive government: The diversity and institutional performance of online political deliberation systems[J]. Social sciences in China, 40(4): 148-172.

MISHKIN F S, 1999. Financial consolidation: Dangers and opportunities[J]. Journal of banking & finance, 23(2/3/4): 675-691.

SCALLAN E, HOEKSTRA R M, ANGULO F J, et al, 2011. Foodborne illness acquired in the United States: Major pathogens[J]. Emerging infectious diseases, 17(1): 7-15.

SUN S R, 2016. Five Basic Institution Structures and Institutional Economics[M]. Singapore: Springer Singapore.

BODDIE W S, KUN L, 2014. Global food safety product management: a holistic, integrated, strategic approach (proposed)[J]. Health and technology, 4(2): 135-143.

XU N H, LI X R, YUAN Q B, et al, 2014. Excess perks and stock price crash risk: evidence from China[J]. Journal of corporate finance, 25: 419-434.

YUAN R L, SUN J, CAO F, 2016. Directors'and officers'liability insurance and stock price crash risk[J]. Journal of corporate finance, 37: 173-192.

包昌红,2008.刍议我国食品安全监管体制及完善[J].法制与社会(31): 252-253.

边春娜,赵春青,邓云岚,2014.数据挖掘方法在食品安全数据中的应用[J].科学大众(科学教育)(12): 189.

蔡昉,2008.中国农村改革三十年：制度经济学的分析[J].中国社会科学(6): 99-110,207.

陈莉莉,高曦,张晗,等,2016.我国三省市食品安全监管资源现状及分析[J]. 中国卫生资源(1): 74-77,81.

陈钊,邓东升,2019.互联网金融的发展、风险与监管：以P2P网络借贷为例[J].学术月刊,51(12): 42-50.

陈强,2014.高级计量经济学及Stata应用[M].北京：高等教育出版社.

参考文献

戴庆华,张云河,2015.食品安全管理的三维进路研究:基于公共产品视域的阐释[J].现代管理科学(12):91-93.

邓玉林,王文平,达庆利,2007.基于可变风险偏好的知识型员工激励机制研究[J].管理工程学报(2):29-33.

邸洋,2023.网络订餐食品安全监管改进对策研究[J].中国食品,858(2):76-78.

丁煌,孙文,2014.从行政监管到社会共治:食品安全监管的体制突破:基于网络分析的视角[J].江苏行政学院学报(01):109-115.

丁利,2016.制度激励、博弈均衡与社会正义[J].中国社会科学(4):135-158,208.

定明捷,曾凡军,2009.网络破碎、治理失灵与食品安全供给[J].公共管理学报,6(4):9-17.

董志强,2008.制度及其演化的一般理论[J].管理世界(5):151-165.

都教授.明长城的砖块上为什么刻有文字?原来朱元璋也痛恨豆腐渣工程![EB/OL].(2018-10-17)[2023-12-08].https://baijiahao.baidu.com/s?id=1614477399984570478-&wfr=spider&for=pc.

方赤光,李青,刘思洁,2016.用科技创新理念推动吉林省疾病预防控制中心食品安全风险监测工作持续健康发展[J].食品安全质量检测学报,7(1):3-7.

方军雄,秦璇,2018.高管履职风险缓释与企业创新决策的改善:基于董事高管责任保险制度的发现[J].保险研究(11):54-70.

费威,2013.不同食品安全规制环境下食品供需均衡研究[J].财经问题研究(6):33-40.

封进,艾静怡,刘芳,2020.退休年龄制度的代际影响:基于子代生育时间选择的研究[J].经济研究,55(9):106-121.

冯晨,陈舒,白彩全,2019.长期人力资本积累的历史根源:制度差异、儒家文化传播与国家能力塑造[J].经济研究,54(5):146-163.

葛然,2013.刍议我国食品安全监管体制:以食品安全委员会办公室为切入点[J].辽宁行政学院学报,15(3):22-23.

耿爱生,卞文莉,2013.大部制改革后我国食品安全监管仍需解决的问题[J].中共青岛市委党校 青岛行政学院学报(4):40-43.

龚丽爱,2015.食品安全追溯系统设计研究[J].无线互联科技(18):48-50.

龚强,陈丰,2012.供应链可追溯性对食品安全和上下游企业利润的影响[J].南开经济研究(6):30-48.

龚强,张一林,余建宇,2013.激励、信息与食品安全规制[J].经济研究,48(3):135-147.

龚强,雷丽衡,袁燕,2015.政策性负担、规制俘获与食品安全[J].经济研究,50(8):4-15.

郭兰英,单飞跃,赵文焕,2014.食品安全自媒体监督:现状、问题及其法律规制[J].宏观质量研究,2(1):76-83.

郭培源,刘硕,2015.色谱技术、光谱分析法和生物检测技术在食品安全检测方面的应用进展[J].食品安全质量检测学报,6(8):3217-3223.

韩东平,2023.社会共治视角下食品安全监管的社会参与研究[J].中国食品工业(4):40-41.

韩永红,2014.美国食品安全法律治理的新发展及其对我国的启示:以美国《食品安全现代化法》为视角[J].法学评论,32(3):92-101.

黄海军,田琼,杨海,等,2005.高峰期内公交车均衡乘车行为与制度安排[J].管理科学学报(6):1-9.

黄隽,章艳红,2020.商业银行的风险:规模和非利息收入:以美国为例[J].金融研究(6):75-90.

金卉,2016.社会分层视角下的城乡居民食品安全风险意识:基于CSS2006-2011数据的分析[J].浙江树人大学学报,16(1):50-57.

雷光勇,曹雅丽,刘茉,2016.风险资本、信息披露质量与审计师报告稳健性[J].审计研究(5):44-52.

雷光勇,曹雅丽,齐云飞,2017.风险资本、制度效率与企业投资偏好[J].会计研究(8):48-54,94.

李富强,董直庆,王林辉,2008.制度主导、要素贡献和我国经济增长动力的分类检验[J].经济研究(4):53-65.

李怀,2008.中国食品安全的制度创新与监管模式转型[J].天津商业大学学报,28(5):3-7.

李林木,于海峰,汪冲,等,2020.赏罚机制、税收遵从与企业绩效:基于纳税信用管理制度的研究[J].经济研究,55(6):89-104.

李善民,杨继彬,钟君煜,2019.风险投资具有咨询功能吗?:异地风投在异地并购中的功能研究[J].管理世界,35(12):164-180,215-216.

李文钊,谭沂丹,毛寿龙,2011.中国农村与发展的制度分析:以浙江省湖州市为例[J].管理世界,27(10):32-47,187-188.

李想,石磊,2014.行业信任危机的一个经济学解释:以食品安全为例[J].经济研究,49(1):169-181.

李新春,陈斌,2013.企业群体性败德行为与管制失效:对产品质量安全与监管的制度分析[J].经济研究,48(10):98-111,123.

厉曙光,陈莉莉,陈波,2014.我国 2004—2012 年媒体曝光食品安全事件分析[J].中国食品学报,14(3):1-8.

梁权熙,曾海舰,2016.独立董事制度改革、独立董事的独立性与股价崩盘风险[J].管理世界(3):144-159.

林川,杨柏,彭程,2017.控制人权力、制度环境与股价崩盘风险:基于创业板上市公司的经验证据[J].现代财经(天津财经大学学报),37(12):36-51.

刘鹏,张苏剑,2015.中国食品安全监管体制的纵向权力配置研究[J].华中师范大学学报(人文社会科学版),54(1):28-34.

刘圣中,王晨,2016.政策执行偏离的决策模式研究:以山西省 X 县农村低保制度的实践为例[J].长白学刊(5):51-57.

刘文萃,2015.农村食品安全治理中的公众参与：问题识别与路径选择：基于天津调研的实证分析[J].云南行政学院学报,17(6)：161-166.

刘亚平,2011.中国式"监管国家"的问题与反思：以食品安全为例[J].政治学研究(2)：69-79.

刘志洋,2015.规模大的银行风险真的高吗？：基于中国上市商业银行的实证分析[J].金融论坛,20(1)：66-72.

卢凌霄,徐昕,2012.日本的食品安全监管体系对中国的借鉴[J].世界农业(10)：4-7.

罗进辉,杜兴强,2014.媒体报道、制度环境与股价崩盘风险[J].会计研究(9)：53-59,97.

吕朝凤,朱丹丹,2016.市场化改革如何影响长期经济增长？：基于市场潜力视角的分析[J].管理世界(2)：32-44

马长山,2019.智慧社会建设中的"众创"式制度变革：基于"网约车"合法化进程的法理学分析[J].中国社会科学(4)：75-97,205-206.

麦学娟,2012.浅析现阶段食品质量安全检验面临的问题与应对措施[J].中国管理信息化,15(24)：99-100.

毛捷,刘潘,吕冰洋,2019.地方公共债务增长的制度基础：兼顾财政和金融的视角[J].中国社会科学(9)：45-67,205.

聂辉华,2008.制度均衡：一个博弈论的视角[J].管理世界(8)：158-167.

牛亮云,2016.食品安全风险社会共治：一个理论框架[J].甘肃社会科学(1)：161-164.

潘敏,魏海瑞,2015.提升监管强度具有风险抑制效应吗？：来自中国银行业的经验证据[J].金融研究(12)：64-80.

彭亚拉,郑风田,齐思媛,2012.关于我国食品安全财政投入的思考及对策：基于对比分析美国的食品安全财政预算[J].中国软科学(10)：9-21.

皮天雷,刘垚森,吴鸿燕,2018.金融科技：内涵、逻辑与风险监管[J].财经科学(9)：16-25.

乔博娟,刘翠英,2014.论食品安全治理的法治保障[J].现代管理科学(7):70-72.

秦江萍,2014.内部控制水平对食品安全保障的影响:基于食品供应链核心企业的经验证据[J].中国流通经济,28(12):60-67.

秦伟广,李红,2020.金融监管对互联网金融创新的风险与发展影响研究[J].当代金融研究(1):58-63.

任燕,安玉发,2008."三鹿问题奶粉事件"对中国食品安全监管机制的启示[J].世界农业(12):7-9,20.

任园园,2013.当前中国农村民主选举存在的问题研究.内蒙古农业大学学报(社会科学版),15(5):5-8.

舒洪水,李亚梅,2014.食品安全犯罪的刑事立法问题:以我国《刑法》与《食品安全法》的对接为视角[J].法学杂志,35(5):84-98.

宋华琳,2011.中国食品安全标准法律制度研究[J].公共行政评论,4(2):30-50,178-179.

宋强,耿弘,2012.整体性治理:中国食品安全监管体制的新走向[J].贵州社会科学(9):86-90.

宋渊洋,刘翾,2015.中国各地区制度环境测量的最新进展与研究展望[J],管理评论,27(2):3-12.

隋洪明,2013.论食品安全风险预防法律制度的构建[J].法学论坛,28(3):56-64.

燧机(上海)科技有限公司.智慧考场:考试作弊行为检测[EB/OL].(2023-5-11)[2023-12-08].https://www.sjzrobot.com/news/gsxw/5391.html

孙登峰,王顾希,钱杉杉,等,2015.食品安全检测技术与标准研究[J].中国测试,41(8):1-7.

孙娜,曹卫,江玉媛,2020.自治、法治、德治相结合的两委选举保障体系建设的对策研究[J].中国林业经济(2):11-15.

孙娜,侯蕾,2015.餐饮行业食品安全监控管理制度的孙氏图分析[J].科技与经济,28(6):106-110.

孙绍荣,等,2018.制度设计的科学:制度工程学[M].北京:科学出版社.

孙绍荣,孙娜,崔晓丽,2010.第三均衡与制度设计:行为博弈与行为管理研究进展[M].北京:科学出版社.

唐晓纯,2013.国家食品安全风险监测评估与预警体系建设及其问题思考[J].食品科学,34(15):342-348.

陶丽娜,2020.网络订餐食品安全监管问题及对策研究[J].现代食品(19):144-146.

田先红,罗兴佐,2016.官僚组织间关系与政策的象征性执行:以重大决策社会稳定风险评估制度为讨论中心[J].江苏行政学院学报(5):70-75.

晚春东,秦志兵,2016.食品供应链质量安全风险传导系统研究[J].哈尔滨工业大学学报(社会科学版),18(1):131-134.

王建华,晁熳璐,许明月,2015.农村居民食品安全消费的意愿及其影响因素研究:基于 M-Logit 方法的实证分析[J].新疆社会科学(6):140-145,174.

王建华,葛佳烨,刘茁,2016.民众感知、政府行为及监管评价研究:基于食品安全满意度的视角[J].软科学,30(1):36-40,65.

王可山,2012.食品安全信息问题研究评述[J].经济学动态(8):92-96.

王娜,2016.论危害食品安全行为的刑事规制:以上海"福喜事件"为切入点[J].上海政法学院学报(法式论丛),31(1):128-135.

王往,2017.规模、股权结构与上市金融机构破产风险[J].东北财经大学学报(1):71-77.

王小鲁,樊纲,余静文,2017.中国分省份市场化指数报告(2016)[M].北京:社会科学文献出版社.

王颐蓉,2015.我国食品检验技术存在的主要问题和新方法[J].食品安全导刊(27):67-68.

王永钦,刘思远,杜巨澜,2014.信任品市场的竞争效应与传染效应:理论和基于中国食品行业的事件研究[J].经济研究,49(2):141-154.

王筠,2016.农村村民委员会换届选举问题与对策研究[J].山东青年政治学院学报,32(2):46-49.

卫幼奕,2015.论食品安全有奖举报制度的法律困境及创新机制[J].食品安全导刊(36):65-67.

温振东,2014.食品安全监管缺陷和有效监管途径分析[J].食品安全导刊(24):70-71.

文晓巍,刘妙玲,2012.食品安全的诱因、窘境与监管:2002—2011年[J].改革(9):37-42.

吴超鹏,吴世农,程静雅,等,2012.风险投资对上市公司投融资行为影响的实证研究[J].经济研究,47(1):105-119,160.

吴元元,2012.信息基础、声誉机制与执法优化:食品安全治理的新视野[J].中国社会科学(6):115-133,207-208.

夏立军,方轶强,2005.政府控制、治理环境与公司价值:来自中国证券市场的经验证据[J].经济研究(5):40-51.

项后军,张清俊,2020.中国的显性存款保险制度与银行风险[J].经济研究,55(12):165-181.

肖滨,黄迎虹,2015.发展中国家反腐败制度建设的政治动力机制:基于印度制定"官员腐败调查法"的分析[J].中国社会科学(5):125-144,206.

谢康,赖金天,肖静华,等,2016.食品安全监管有界性与制度安排[J].经济研究,51(4):174-187.

谢康,赖金天,肖静华,2015a.食品安全社会共治下供应链质量协同特征与制度需求[J].管理评论,27(2):158-167.

谢康,肖静华,杨楠堃,等,2015b.社会震慑信号与价值重构:食品安全社会共治的制度分析[J].经济学动态(10):4-16.

熊美荣,2015.浅述农村村委会选举中的贿选问题及治理[J].法制博览(4):8-10.

徐庆,朱道立,李善良,2007.不对称信息下供应链最优激励契约的设计[J].系统工程理论与实践(4):27-33.

徐立成,周立,2016."农消对接"模式的兴起与食品安全信任共同体的重建[J].南京农业大学学报(社会科学版),16(1):59-70,164.

徐鑫钰,2015.从"碎片化"监管到整体性监管:我国食品安全监管体制重构研究[J].哈尔滨学院学报,36(12):28-32.

杨德明,2007.会计信息与经理人激励契约设计[J].系统工程理论与实践(4):62-66.

杨锴铮,2014.农村民主选举中的贿选法律问题研究[J].法制博览(中旬刊)(5):148-149.

杨柳,邱力生,2014.农村居民对食品安全风险的认知及影响因素分析:河南的案例研究[J].经济经纬,31(6):41-45.

杨悦,刘翔,2023.网络餐饮食品安全监管问题分析与对策研究:以淮安市为例[J].现代食品,29(1):135-138.

易开刚,范琳琳,2014.食品安全治理的理念变革与机制创新[J].学术月刊,46(12):41-48.

于志刚,2019.犯罪记录制度的体系化建构[J].中国社会科学(3):62-84,205-206.

张娥,杨飞,汪应洛,2007.网上交易中诚信交易激励机制设计[J].管理科学学报(1):64-70.

张贵集,2016.浅析中国农村选举中消极参与的问题:乡镇政府职能的视角[J].中共桂林市委党校学报,16(3):45-48.

张国兴,高晚霞,管欣,2015.基于第三方监督的食品安全监管演化博弈模型[J].系统工程学报,30(2):153-164.

张建成,2013.我国食品安全监管体制的历史演变、现实评价和未来选择[J].河南财经政法大学学报,28(4):90-99.

张静,曹振宇,杨军,2008.基于GIS的食品安全监管系统的研究[J].微计算机信息(22)：223-224.

张俊生,汤晓建,李广众,2018.预防性监管能够抑制股价崩盘风险吗?：基于交易所年报问询函的研究[J].管理科学学报,21(10)：112-126.

张荣,陈银忠,周勇,2006.上市公司资产规模对公司信用风险的影响[J].统计与决策(2)：61-62.

张天,张新平,韩淑杰,等,2008.我国食品安全监管体制改革实践及其发展方向[J].中国卫生经济(10)：53-54.

赵健,2023.网络餐饮食品安全监管面临的困境及思考[J].食品安全导刊(4)：14-17.

赵喜凤,2015.STS视域下中国食品安全问题的社会共治："瘦肉精"事件反思[J].中国矿业大学学报(社会科学版),17(02)：100-107.

赵学刚,周游,2010.欧盟食品安全风险分析体系及其借鉴[J].管理现代化(4)：59-61.

周四选,2010.当前农村不良风气的表现、成因及对策分析[J].中共郑州市委党校学报(2)：110-112.

周晓庄,2008.价值观体系与制度创新[J].管理世界(5)：170-171.

朱冬亮,2020.农民与土地渐行渐远：土地流转与"三权分置"制度实践[J].中国社会科学(7)：123-144,207.

朱燕建,周强龙,2016.公司规模、风险特征与债券融资成本：来自中国民营上市公司的经验证据[J].浙江金融(3)：53-59.